Diagnostizieren & Fördern

Ein Kernanliegen von Schule ist es, für jede Schülerin und jeden Schüler ein **individuelles Leistungsprofil** zu erstellen und jedes Kind entsprechend seinen Möglichkeiten zu fordern bzw. zu fördern.

Schriftliche Leistungsüberprüfungen, Lernstandserhebungen u. Ä. können Aufschluss geben, reichen aber nicht aus, um ein dezidiertes Leistungsprofil einer Schülerin oder eines Schülers zu erstellen. Dazu müssen unterschiedliche Ebenen beachtet werden:

Ebene I	Ebene II	Ebene III
Persönlichkeit	Lebens- und Schulsituation	Deutschunterricht

Ebene I: Persönlichkeit

- Allgemeines Leistungsvermögen:
  Lernbereitschaft, Merkfähigkeit …
- Arbeitsverhalten:
  Belastbarkeit, Konzentrationsfähigkeit, Aufmerksamkeitsstörungen …
- Soziales Verhalten:
  Fähigkeit zur Kooperation, aggressives Verhalten …
- Beziehung zur Lehrperson:
  positive oder negative Grundhaltung
- Individuelle Interessen und Neigungen

Ebene II: Lebens- und Schulsituation

- Allgemeine Lebenssituation:
  behütendes Elternhaus, besondere familiäre Belastungen …
- Schulische Situation:
  schulische Entwicklung

Ebene III: Deutschunterricht

- Subjektive Einstellung zum Schulfach
- Leistungsbereitschaft
- Beherrschung fachlicher Inhalte, Begriffe und Methoden
- Verwendung von Medien
- Fähigkeit, fachliche Sachverhalte zu verstehen und Verstandenes zu nutzen
- Fähigkeit, fachliche Sachverhalte zu kommunizieren und verständlich zu argumentieren.

Die Ebenen I und II lassen sich naturgemäß durch die Schule nur bedingt beeinflussen. Die vorliegenden Materialien unterstützen die Arbeit in Bezug auf die Ebene III.

Hinweise zum Einsatz der Materialien

Das vorliegende Themenheft zum Diagnostizieren und Fördern im Fach Deutsch für die Jahrgangsstufen 9 und 10 ist einsetzbar in speziellen Förderstunden, im Regelunterricht oder auch zur häuslichen Übung. Zudem lässt es sich im **Vertiefungsunterricht** der **Einführungsphase der gymnasialen Oberstufe (G8)** nutzen, falls ein solcher angeboten wird. Sämtliche Arbeitsblätter sind so gestaltet, dass Schülerinnen und Schüler ohne weitere Erläuterungen mit ihnen arbeiten können. Es sollte aber in jedem Fall **Ansprechpartner** zur Klärung von Lernwegen geben. Dies können Lehrer, Schüler höherer Klassen oder andere Mentoren sein. Ihre Funktion besteht zum einen darin, bestimmte Teile der Lösungen zu kontrollieren. Zum anderen sollten die Mentoren auf der Grundlage der bearbeiteten Materialien so oft wie möglich mit einzelnen Schülerinnen und Schülern kurze Beratungsgespräche führen, um Rückmeldungen über bereits erreichte Kompetenzen zu geben und fehlerhaft gelöste Aufgaben gemeinsam zu analysieren und zu reflektieren, sodass für den Schüler oder die Schülerin Fehler verstehbar und neue kognitive Herangehensweisen an Problemstellungen angebahnt werden können.

In den Themenheften erfolgt eine Fokussierung auf fachliche **Schwerpunktthemen,** die förderrelevant sind.

In diesem Themenheft werden zwei Lernbereiche angeboten, denen für schulische und außerschulische Bereiche eine grundlegende Bedeutung zugemessen werden muss und die daher oft Schwerpunkte einer Förderung im Fach Deutsch sind:

① Rechtschreiben
② Lesen (von Sachtexten)

Zu jedem Schwerpunktthema gibt es folgende Materialien:

1. Eine **Lernstandsermittlung,** die einen vertiefenden Blick auf fachliche Fähigkeiten erlaubt und mögliche Stärken und Probleme aufdeckt. Im Zuge der **Auswertung der Lernstandsermittlung** werden Hinweise darauf gegeben, mit welchem Fördermaterial gearbeitet werden sollte.

2. **Fördermaterial** für unterschiedliche Kompetenzstufen, das ein selbstständiges Arbeiten und Üben ermöglicht.

3. Eine auf die erste Lernstandsermittlung rückbezogene **Lernfortschrittsermittlung,** die Schlüsse darauf zulässt, in welchem Maße sich Fähigkeiten weiterentwickelt haben.

D1701906

1

1. Lernstandsermittlung und Fehleranalyse

Schwächen, die Kinder und Jugendliche in der Auseinandersetzung mit Problemstellungen zeigen, sind nicht unbedingt als etwas Negatives zu bewerten, sie können auch als Grundlage für die Erarbeitung erfolgreicher Lösungsstrategien dienen. Fehler zeigen meist, an welchem Punkt sich ein Lernender zurzeit befindet und welche fachlichen Hilfsmittel ihm momentan zur Lösung eines Problems zur Verfügung stehen. Um zu falschen Ergebnissen führende Denkstrategien aufzuschlüsseln, ist es hilfreich, sich in diese einzudenken. Besonders aufschlussreich ist dazu die **prozessbegleitende Fehleranalyse,** bei der Schülerinnen und Schüler ihre Denkprozesse erläutern. Dies kann entweder durch mündliche oder durch schriftliche Erklärungen erfolgen. Die prozessbegleitende Fehleranalyse durch mündliche Erläuterungen eignet sich insbesondere für den (Förder-)Unterricht mit sehr kleinen Lerngruppen oder den Einzelunterricht, denn sie ist sehr zeitaufwändig und erfordert die vollkommene Zuwendung einer Person. Schriftliche Verfahrensweisen, z. B. mit Hilfe von Lerntagebüchern, können auch in größeren Gruppen sinnvoll eingesetzt werden.

Bei der **ergebnisorientierten Fehleranalyse** werden Fehler in Schülerarbeiten (z. B. Übungs- oder Hausaufgaben) auf Gesetzmäßigkeiten überprüft. Erfahrene Lehrkräfte sehen häufig schnell an der Art des Fehlers, welches Denkmuster zugrunde lag, und können mit den Jugendlichen gemeinsam beraten, welche Änderungen in der Herangehensweise zielführend sein können.

Die **Lernstandsermittlungen** dieses Heftes unterstützen sowohl die Lehrkräfte als auch die Schüler bei der Fehleranalyse, indem sie durch gezielte Aufgabenstellungen bestimmte systematische Fehler im Sinne einer ergebnisorientierten Fehleranalyse herausfordern. Das Material sollte ohne Notendruck und ohne zeitliche Beschränkung eingesetzt werden.

In den Lernstandsermittlungen wird ein breites Spektrum an Kompetenzebenen abgebildet. Die Ergebnisse der Auswertungen haben Hinweischarakter auf mögliche Kompetenzen und Schwächen von Schülern. Aufgrund der jeweiligen Rahmenbedingungen am Testtag (Schülerin X / Schüler Y kann sich an diesem Tag schlecht konzentrieren, eine Aufgabenstellung wird missverstanden …) können Einzelergebnisse jedoch beeinflusst werden. Deshalb ist es bei Auffälligkeiten empfehlenswert, unterstützend weitere Aufgaben zur Einschätzung einzusetzen, welche sich auf die gleiche Kompetenzebene beziehen. Grundsätzlich gilt: Je mehr Aufgaben zu einer Kompetenzebene durchgearbeitet und analysiert werden, desto sicherer ist auch die Diagnose.

Die Materialien gehen davon aus, dass die Kompetenzen weitgehend hierarchisch aufgebaut sind, also die Kompetenzstufe III in der Regel die komplexesten Fähigkeiten umfasst. Leistungen einer höheren Kompetenzebene können von Schülerinnen und Schülern gleichwohl auch dann erbracht werden, wenn die vorherige Stufe noch nicht vollständig gesichert ist. Mit dem Diagnosematerial lassen sich Hinweise auf Kompetenzschwerpunkte ausmachen.

Die **Auswertung der Lernstandsermittlungen** sollte möglichst zeitnah nach dem Schreiben erfolgen. Bei geschlossenen Aufgaben ist es möglich, die Schülerinnen und Schüler während der Nachbesprechung wechselseitig korrigieren zu lassen, weil in diesem Fall lediglich zwischen richtig und falsch unterschieden werden muss.

2. Fördermaterial

Die sich aus der Lernstandsermittlung ergebenden Förderschwerpunkte sollten mit dem/der Jugendlichen besprochen werden, damit er/sie den folgenden Lernweg reflektiert beschreiten kann. Nur so werden Schülerinnen und Schüler auch willens sein, sich ernsthaft mit den Materialien auseinanderzusetzen und Anstrengungsbereitschaft zu zeigen.

Für jeden Lernbereich gibt es **gestuftes Übungsmaterial.** Je nach Ergebnis der Lernstandsermittlung arbeitet der Jugendliche mit dem Material aus Übungsbereich 1, 2 oder 3. Im Bereich Lesen werden darüber hinaus Übungen zur Entwicklung von Lesestrategien und Textvisualisierungen angeboten, die alle Schülerinnen und Schüler erledigen sollten. Für die Übungen eines Übungsbereiches müssten 1 bis 2 Stunden Zeit zur Verfügung stehen, wobei kleine Pausen eingeplant werden sollten.

Das im Heft angebotene Übungsmaterial hat exemplarischen Charakter, es stellt kein vollständiges Förderprogramm dar. Um eine intensive Förderung zu gewährleisten, muss das Material durch ähnlich gestaltete Übungen ergänzt werden. Für das Lesen sind zusätzliche Texte am Ende des Heftes abgedruckt. Sie können als ergänzendes Übungsmaterial eingesetzt werden. Die Übungsmaterialien sind als Lernaufgaben, nicht als Überprüfungsaufgaben (z. B. für Klassenarbeiten) gestaltet.

3. Lernfortschrittsermittlung

Am Ende des Kapitels zu einem Lernbereich findet sich eine Lernfortschrittsermittlung, die eingesetzt werden sollte, wenn der Jugendliche das vorhandene und weiteres Übungsmaterial seines Kompetenzprofils bearbeitet hat. Hierbei handelt es sich nicht um eine geeichte Messung des Lernfortschritts, sondern die Lernfortschrittsermittlung soll Auskunft darüber geben, ob weitere Übungen des jeweiligen Schwerpunktes eingesetzt werden müssen oder ein weiterer, komplexerer Übungsbereich angegangen werden kann.

Das Material

In den beiden Lernbereichen dieses Themenheftes stehen jeweils Aspekte im Mittelpunkt, die für die Förderung in den Jahrgangsstufen 9 und 10 zentral sein dürften:

Rechtschreiben

Im Thementeil zur Rechtschreibung wird zunächst ermittelt, welcher Zugang zur Rechtschreibung im Kompetenzprofil des jeweiligen Lerners dominiert: alphabetisch – Stufe 1, orthographisch/morphematisch – Stufe 2, wortübergreifend – Stufe 3. Das Übungsmaterial setzt dann dementsprechende Schwerpunkte. Die Übungen orientieren sich konsequent an Strategien, die die Schülerinnen und Schüler zur Stärkung ihrer Rechtschreibkompetenz auf der jeweiligen Stufe anwenden können:

Stufe 1:	Schwingen, Sprechproben durchführen
Stufe 2:	Verlängern, Ableiten, Merken, Zerlegen
Stufe 3:	Strategien zur Unterscheidung von Groß- und Kleinschreibung.

In den Übungen der Stufe 1 werden basale Rechtschreibqualifikationen in der Laut-Buchstaben-Zuordnung vermittelt, die Grundlage für die weiteren Strategien sind (siehe Stufe 2). Einbezogen werden auch regelhafte Laut-Buchstaben-Zuordnungen bei Fremdwörtern. Übungsbereich 1 bietet sich somit auch als Basisübung für alle Schülerinnen und Schüler an. Die Übungen auf Stufe 2 und 3 stellen gegenüber Stufe 1 nicht in jedem einzelnen Fall komplexere Anforderungen, verlangen jedoch andere Herangehensweisen. So beziehen sich die Übungen auf Stufe 2 auf wortbezogene Regelungen, die Übungen zur Stufe 3, hier zur Großschreibung, auf satzbezogene Regelungen.

In der Auswertung zur Lernstandsermittlung ist dargestellt, welche konkreten Rechtschreibphänomene mit den einzelnen Strategien erforscht werden können. Ausnahmeschreibungen kommen im Übungsmaterial nur in dem Maße vor, dass Schülerinnen und Schüler für sie und die betreffenden Phänomene sensibilisiert werden. Begleitende Reflexionsgespräche mit den Schülern können helfen, das strategieorientierte Vorgehen zu stärken, indem die angewandten Rechtschreibstrategien beleuchtet und auf diese Weise metakognitiv gefestigt werden.

Lesen

Die Materialien zur Lesekompetenz sind fokussiert auf das sinnentnehmende Lesen von Sachtexten. Dabei geht es jeweils um die Erschließung von textimmanent ermittelbaren Informationen. Zur Klärung unbekannter Wörter sollte stets ein Wörterbuch vorhanden sein. Die Lernstandsermittlung orientiert sich an Kompetenzstufen einschlägiger Lesekompetenzmodelle, die nun auf komplexe Texte bezogen werden. Sie gibt Hinweis darauf, inwieweit der Schüler/die Schülerin in der Lage ist,

- Textinformationen zu finden, ggf. zu entschlüsseln und gegenüberzustellen;
- Textinformationen auch in ihrer Funktion zu erkennen und Kausalitäten zwischen Informationen zu verstehen;
- Schlussfolgerungen aus Textinformationen zu ziehen und Textaussagen zu bewerten.

Alle Materialien beschäftigen sich inhaltlich mit jugendrelevanten Themen.

In der Förderung steht das reflektierte strategieorientierte Lernen im Mittelpunkt. Nach der Lernstandsermittlung sollen alle Schülerinnen und Schüler daher einen Strategiefragebogen ausfüllen, die 2 + 3 + 1-Lesemethode kennenlernen bzw. wiederholen sowie sich mit Visualisierungstechniken zu Texten beschäftigen. Daran anschließend kann je nach Ergebnis der Lernstandsermittlung mit dem Übungsmaterial 1, 2 oder 3 gearbeitet werden. Die Übungen lassen sich mit dem Zusatzmaterial (ab S. 52) vertiefen. Anschließend folgt ein Lernrückblick, der das Strategielernen reflektiert.

Materialbearbeitung Lesen

(1-3 und 5-6 von allen zu bearbeiten, 4 differenziert):

1. Lernstandsermittlung (S. 29 ff.)
2. Strategiefragebogen (S. 34)
3. Strategietraining (S. 35 ff.)
4. Übungsmaterial (differenziert: 1, 2 oder 3)
(S. 42 ff. oder S. 45 ff. oder S. 48 ff.), ergänzbar durch das Zusatzmaterial (ab S. 52)
5. Lernrückblick (S. 57)
6. Lernfortschrittsermittlung (S. 58 ff.).

Hilfsmittel: Wörterbuch.

Der Strategiefragebogen, der Lernrückblick und die Reflexionen im Strategietraining und im Übungsmaterial bieten sich in besonderer Weise für Gespräche zwischen den Schülern und den Mentoren an, um das Bewusstsein für das methodische Vorgehen beim Lesen zu stärken.

RECHTSCHREIBEN

Diktierzeit: ca. 15 min

Name: _____ Klasse: _____ Datum: _____

Schreibe die diktierten Wörter jeweils in die Lücke!	Diese Spalten füllt dein Lehrer aus:		
	Stufe 1	Stufe 2	Stufe 3
1. Der Physiknobelpreis 2009 zeichnet die Entwickler für _____ und _____ für ihre _____ aus.			
2. Wer heute zum _____ greift oder sich ins Internet _____, nutzt eine _____ Technik.			
3. Erst die Hochgeschwindigkeits-_____ per Glasfaser hat es _____, glasklare Telefonverbindungen aufzubauen und Bilder, Texte und Töne in _____ rund um den Globus zu schicken, Glasfaserkabel bilden das _____ unserer _____.			
4. Dem _____ Charles Kao gelang 1966 ein Durchbruch, der eine Datenübertragung über 100 _____ _____ möglich scheinen _____.			
5. Vier Jahre später gelang die _____ des ersten _____ Glasfaserkabels für die _____ von Daten.			
6. Heute sind _____ mehr als eine _____ Kilometer Glasfaser _____, hinter-einander geknüpft würden sie 25 000-mal um den Globus reichen.			
7. Sie _____ nahezu den _____ Telefon- und _____ _____ auf unserem Planeten, auch Gesprä-che vom Handy landen am _____ im Glasfasernetz.			

© dpa

RECHTSCHREIBEN

Diktierzeit: ca. 15 min

AUSWERTUNGSANLEITUNG LERNSTANDSERMITTLUNG

Strategieorientierte Fehlerzuordnung:					
Stufe 1	**Stufe 2**				**Stufe 3**
Schwingen	Verlängern	Ableiten	Merken	Zerlegen	Groß-/ Klein- schreibung
Bei allen Wörtern mit min- destens zwei Silben. Pro- blemstelle: Silbengrenze – Vergessene Buchstaben – Vertauschte Buchstaben – Besonderheiten qu, st, sp Regel zur Konsonanten- verdoppelung beim Zweisilber	– Bei unkla- ren Aus- lauten / Wortenden – Bei Ein- silbern, da keine Sil- bengrenze vorhanden ist	Bei ä oder äu Wort- stamm- suche mit a oder au	Wo keine Stra- tegie hilft. – Nicht verlän- gerbare Einsilber – Dehnungs-h – Wörter mit v – Wörter mit x, chs – Doppelvokale	Bei allen Wortzusammen- setzungen – Zum Auffinden unklarer Auslaute – Zum Finden von Bau- steinen und damit zur Entdeckung versteck- ter Einsilber; Suche nach Verlänge- rungsstellen	Alle Groß- und Klein- schreibfeh- ler
Fehler an anderen Stellen als den unterstrichenen sollten in der Regel Stufe 1 zugeordnet werden.	Stufe 1		Stufe 2		Stufe 3
1. Der Physiknobelpreis 2009 zeichnet die Entwick- ler für **Glasfasertechnik** und **Digitalfotografie** für ihre **Grundlagenforschung** aus.	Digitalfotografie Glasfasertechnik Grundlagen- forschung		Digitalfotografie Glasfasertechnik Grundlagen- forschung		Digitalfotografie Glasfasertechnik Grundlagen- forschung
2. Wer heute zum **Telefonhörer** greift oder sich ins Internet **einklinkt,** nutzt eine **revolutionäre** Technik.	Telefonhörer revolutionäre		einklinkt revolutionäre		Telefonhörer revolutionäre
3. Erst die Hochgeschwindigkeits-**Datenübertra- gung** per Glasfaser hat es **ermöglicht**, glasklare Telefonverbindungen aufzubauen und Bilder, Tex- te und Töne in **Sekundenbruchteilen** rund um den Globus zu schicken, Glasfaserkabel bilden das **Rückgrat** unserer **Informationsgesellschaft**.	Datenübertragung Sekundenbruch- teilen Informations- gesellschaft		ermöglicht Rückgrat Informations- gesellschaft		Datenübertragung Sekundenbruch- teilen Rückgrat Informations- gesellschaft
4. Dem **Wissenschaftler** Charles Kao gelang 1966 ein Durchbruch, der eine Datenübertragung über 100 **Kilometer** möglich scheinen **ließ**.	Wissenschaftler		Wissenschaftler Kilometer ließ		Wissenschaftler Kilometer
5. Vier Jahre später gelang die **Herstellung** des ers- ten **ultrareinen** Glasfaserkabels für die **Fern- übertragung** von Daten.	Herstellung ultrareinen Fernübertragung				Herstellung Fernübertragung
6. Heute sind **weltweit** mehr als eine **Milliarde** Ki- lometer Glasfaser **verlegt**, hintereinander ge- knüpft würden sie 25 000-mal um den Globus reichen.	Milliarde		verlegt		weltweit Milliarde
7. Sie **transportieren** nahezu den **gesamten** Tele- fon- und **Datenverkehr** auf unserem Planeten, auch Gespräche vom Handy landen am **Ende** im Glasfasernetz.	transportieren gesamten Datenverkehr		transportieren Datenverkehr		gesamten Datenverkehr Ende
Falsch geschriebene Wörter:	(von 16)		(von 14)		(von 18)
Bei Fehlern in diesem Bereich empfiehlt sich die Ar- beit in	Übungsbereich 1		Übungsbereich 2		Übungsbereich 3

© dpa

RECHTSCHREIBEN

Schwingen, die Strategie für die Zuordnung der Buchstaben

Schwingen heißt: Sprechproben durchführen und deutlich in Silben sprechen.

1. Lange Wörter richtig lesen und schreiben.
- Sprich die Wörter deutlich in Silben.
- Markiere die Silben (Silbenbögen).
- Schreibe sie anschließend im Eigen- oder Partnerdiktat auf.
- Kontrolliere, ob du sie richtig geschrieben hast.

Wei ter bil dungs bör se _____

Bewerbungsunterlagen _____

Stellenausschreibung _____

Berufsberatersprechstunde _____

Zerspanungsmechaniker _____

Fruchtsafttechnikfachkraft _____

2. Hier sind 14 Ausbildungsberufe (männliche Form) versteckt, die du durch deutliches Sprechen in Silben richtig schreiben kannst.
Finde sie.

K	B	I	M	E	D	I	E	N	G	E	S	T	A	L	T	E	R	P	N	P	I	X	U	O
L	L	I	C	H	T	R	E	K	L	A	M	E	H	E	R	S	T	E	L	L	E	R	T	E
B	L	A	C	K	L	A	B	O	R	A	N	T	A	U	G	E	N	O	P	T	I	K	E	R
G	Z	U	P	F	I	N	S	T	R	U	M	E	N	T	E	N	B	A	U	E	R	T	Y	I
H	O	L	Z	B	L	A	S	I	N	S	T	R	U	M	E	N	T	E	N	B	A	U	E	R
R	U	G	E	R	Ä	T	E	Z	U	S	A	M	M	E	N	S	E	T	Z	E	R	A	U	M
F	P	X	Y	Q	A	R	R	A	U	M	A	U	S	S	T	A	T	T	E	R	Z	A	Y	B
H	P	V	B	I	N	F	O	R	M	A	T	I	K	K	A	U	F	M	A	N	N	B	O	I
K	N	T	L	G	A	S	T	R	O	N	O	M	I	E	F	A	C	H	M	A	N	N	I	B
K	O	T	E	D	E	L	S	T	E	I	N	E	I	N	F	A	S	S	E	R	P	Q	U	K
U	S	S	T	E	U	B	G	G	L	A	S	A	P	P	A	R	A	T	E	B	A	U	E	R
G	E	I	G	E	N	B	A	U	E	R	M	E	C	H	A	T	R	O	N	I	K	E	R	Y

3. Schreibe die Berufe in alphabetischer Reihenfolge mit ihrer weiblichen Form auf.

4. So wird die weibliche Form gebildet:

_____ mal durch Anhängen von „in", _____ mal durch Anhängen von „frau".

RECHTSCHREIBEN

5. Durch Sprechproben die Silbenstruktur herausfinden.
- Sprich die Wörter deutlich in Silben.
- Markiere die Silben mit Hilfe von Silbenbögen und untersuche sie.

E feu	Berge	Igel	Esel	Zeuge	Ofen	Rente	Abend	Feuer	Himmel
Uhu	Feste	hindern	Eule	Kamel	Kammer	Kanne	Maler	Rätsel	Noten
Pelze	sauber	salzig	Sultan	mager	Tinte	Töpfer	Sorte	Tölpel	Rose

6. Kreuze die richtigen Antworten an:
- ❏ Alle Silben haben Konsonanten.
- ❏ Alle Silben haben einen Vokal.
- ❏ Alle Silben enden mit einem Konsonanten.
- ❏ Alle Silben enden mit einem Vokal.
- ❏ Alle Silben enden entweder mit einem Vokal oder mit einem Konsonanten.
- ❏ Vokale allein können eine Silbe bilden.

7. Für die Schreibweise von Zweisilbern ist die 1. Silbe wichtig. Ordne die Wörter aus Aufg. 1 in die Tabelle ein:

1. Silbe endet mit einem Vokal. Sie ist **offen.**	**1. Silbe** endet mit einem Konsonanten. Sie ist **geschlossen.**
Kreuze die richtige Antwort an: ❏ An der Silbengrenze treffen sich zwei Konsonanten. ❏ An der Silbengrenze treffen sich zwei Vokale. ❏ An der Silbengrenze treffen sich ein Vokal und ein Konsonant.	Kreuze die richtige Antwort an: ❏ An der Silbengrenze treffen sich zwei Konsonanten. ❏ An der Silbengrenze treffen sich zwei Vokale. ❏ An der Silbengrenze treffen sich ein Vokal und ein Konsonant.

8. Sprechproben helfen auch bei Fremdwörtern.
- Wende dein Wissen über Silben an und markiere sie (Silbenbögen).
- Kreuze an, welche Wörter du nicht kennst. Recherchiere ihre Bedeutung.
- Schreibe die Wörter im Eigendiktat auf oder lass sie dir diktieren.

- ❏ Institution
- ❏ Innovation
- ❏ Initiative
- ❏ Reproduktion
- ❏ Individuum
- ❏ Bakterien
- ❏ Kommunikation
- ❏ Dialekt
- ❏ Kalkulation
- ❏ Aluminium
- ❏ Allergien
- ❏ Kooperation

9. Ein besonderer Laut: **kw = qu**
- ❏ Querulant
- ❏ Qualle
- ❏ Querkopf
- ❏ Quader
- ❏ Quadratwurzel
- ❏ Quacksalber
- ❏ Quartal
- ❏ Quintessenz
- ❏ Quartier
- ❏ Quiz
- Kreuze an, welche Wörter du nicht kennst. Kläre ihre Bedeutung.
- Schreibe die Wörter in alphabetischer Reihenfolge auf.

RECHTSCHREIBEN

Verlängern, die Strategie für Unklarheiten bei Einsilbern und an Wortenden

Verlängern heißt: eine Silbe anfügen.

1. Verlängerungsstellen finden.
- Sprich die folgenden Wörter deutlich in Silben.
- Markiere die Stellen, an denen das Sprechen allein keine Klarheit bringt, mit dem Strategiezeichen.

der Ertrag	der Begriff	der Stab	der Unfall	der Pfad	der Anfall
das Mitglied	der Beitrag	matt	der Mord	der Rabatt	der Kamerad
das Leid	der Zweig	trüb	der Erwerb	violett	der Urlaub
komplett	der Abfall	der Stoff	das Kabinett	der Auftrag	der Treff

2. Zusammenstellen, wobei das Verlängern hilft.
Ordne die Verlängerungsformen der Wörter aus Aufgabe 1 in die Tabelle ein.

Wörter, die mit **b** enden	Wörter, die mit **d** enden	Wörter, die mit **g** enden	Wörter, die mit **doppelten Konsonanten** enden

3. Am Wortende gibt es noch weitere Unklarheiten. Markiere sie und prüfe, ob das Verlängern hilft.

rechts – _____ der Besitz – _____ das Trapez – _____

abseits – _____ das Lakritz – _____ die Tendenz – _____

nichts – _____ das Gesetz – _____ der Anreiz – _____

Tipp: Unklare Auslaute und Einsilber solltest du immer durch Verlängern überprüfen.

4. Beim Verlängern verschiedene Wortarten bilden und bestimmen.
Beispiel: lieb
die Liebe (Plural) = Nomen; lieber als (Komparativ) = Adjektiv; lieben (Infinitiv) = Verb;
Bilde verschiedene Verlängerungswörter und bestimme ihre Wortarten:

still: _____

toll: _____

trüb: _____

 # RECHTSCHREIBEN

Ableiten, die Strategie für ä und äu

Ableiten heißt: verwandte Wörter mit a und au suchen.

merken, aber stärken – denn stark   Leute, aber Läuse – denn Laus

1. Setze ein: **e** oder **ä, eu** oder **äu.**

s___erlich	die B___te	b___erlich	die M___te	gl___nzen	sch___ndlich
kr___chzen	kr___nzen	r___nnen	die Schw___che	m___chtig	die K___lte
h___sslich	die H___mden	sch___len	die Ges___nge	s___isch	die Z___lte
sch___dlich	gr___lich	h___ten	das Gem___er	gl___big	g___nzlich

2. Trage die Beweiswörter ein:

Wörter mit **ä**	Wörter mit **äu**
_____	_____
_____	_____
_____	_____
_____	_____
_____	_____

Merken, die Strategie für Ausnahmeschreibungen Ⓜ

Merken heißt: Hier hilft nur Lernen oder Nachschlagen.

1. Kurze Wörter

- Markiere die schwierige Stelle mit dem Merkzeichen.
- Schreibe die Wörter als Merkwörterliste auf.

Ⓜ								
a**b**	und	heran	dann	wenn	denn	drin	raus	mir	bald
wir	ob	bis	an	ist	herein	heraus	herunter	voraus	dran	sehr
wohl	ihm	ihr	ihnen	ohne	während	mehr	herab	herauf	wohl

2. Das Dehnungs-h

- In manchen Wörtern kann man das h durch deutliches Sprechen hörbar machen, z. B. Ze hen.
- Andere Wörter mit h musst du dir merken, z. B. gäh nen.
- Sprich die Wörter deutlich in Silben.
- Setze das Strategiezeichen auf das h der echten Merkwörter.

Ⓜ							
gähnen	die Zehen	kühlen	die Rehe	rühmen	wehen	zähmen	mähen
fahren	die Zahlen	gehen	flehen	mahlen	die	Mühle	die Uhren	die Uhus
fehlen	sehen	strahlen	suhlen	ziehen	stehen	die Ehre	wühlen

RECHTSCHREIBEN

Schwingen und Merken, Strategien auch für Fremdwörter

Manche Besonderheiten in Fremdwörtern muss man sich merken.

1. Wörter mit **V**
- Schlage bei Bedarf im Wörterbuch nach: **w** oder **v**?
- Markiere die Silben (Silbenbögen).

___aseline	___ase	___ulkan	___rack	___olt	___okabel
___orkshop	___ioline	___itamine	___atikan	___orldcup	___alkman
___iren	___illa	___ivaldi	___ietnam	___iktoria	___ideotext
___egetation	___enezuela	___isent	rele___ant	___restling	___okal

2. th statt **t**

	T	H										
1)	T	H										
2)	T	H										
3)	T	H										
4)	T	H										
5)	T	H										
6)	T	H										
7)	T	H										
8)	T	H										
9)	T	H										
10)	T	H										
11)	T	H										
12)	T	H										
13)	T	H										
14)	T	H										
15)	T	H										

Die Wörter bedeuten:

1) Gegenteil von Praxis
2) Verstopfung der Blutgefäße durch Blutgerinnsel
3) Sitz des Herrschers
4) Fischart
5) Bundesland
6) weiblicher Vorname
7) Sportler
8) Verkäufer von Medikamenten
9) Behandelnder
10) afrikanischer Staat
11) Betäubungsmittel
12) Gefäß, mit dem man die Temperatur konstant hält
13) Gottesgelehrter
14) Messinstrument
15) Behauptung

3. ph statt **f**
- Schlage die Fremdwörter mit ph bei Bedarf im Wörterbuch nach.
- Kreuze an, bei welchen Wörtern es auch eine Schreibweise mit f gibt.

❏ Phrase	❏ Delphin	❏ Phänomen	❏ Mikrophon	❏ Philosophie
❏ Phantasie	❏ Orthographie	❏ Philipp	❏ Pharmaindustrie	❏ physisch
❏ Strophe	❏ Amphibien	❏ Phosphor	❏ Physik	❏ Pharao

Die deutschen Versionen heißen: _____

4. Lies die Wörter deutlich in Silben und setze an jede Merkstelle ein Strategiezeichen.

Hydraulik   typisch   Sympathie   Zylinder   Libyen   Physiotherapie
Tyrann   Physiker   Yoga   Yachten   Biskaya   Hyazinthe   Gymnasium
Ypsilon   Hypothese   Systematik   Papaya   Yams

y spricht man _____ oder _____ .

Lass dir einige Fremdwörter diktieren oder schreibe sie im Eigendiktat auf.

RECHTSCHREIBEN

Zerlegen, die Strategie für zusammengesetzte Wörter

Zerlegen heißt: die Grenze zwischen Wörtern finden.

1. Die Bedeutung der Wörter erschließen.
Sie erschließt sich von hinten nach vorn.

Beispiel: Rechts/experte = der Experte für das Recht
Zerlege die folgenden Wörter:

Taschenlampenkonzert – _____   Schweinegrippeimpfung – _____

Geschäftsbedingungen – _____   Praktikumsmappe – _____

Sprachsicherheitstest – _____   Ausbildungsvergütung – _____

2. Versteckte Verlängerungsstellen finden.

Beispiel: Han**d**/ba**d** – die Bäder, die Hände
Zerlege diese Wörter. Markiere die Verlängerungsstellen mit dem Strategiezeichen.

Waldpfad – _____   Goldschmied – _____

Stabhochsprung – _____   Rundschlag – _____

Stammpersonal – _____   Abendblattverkauf – _____

Werkstoffprüfer – _____   Kabinettsitzung – _____

Brennstoffquelle – _____   Erdaushub – _____

3. Verlängerungs-, Ableitungs- und Merkstellen finden.

Beispiel: Fremden/verkehrs/kaufmann/frau

Wirkstoffanalyse

Änderungsschneider/in

Hufbeschlagsschmied/in

4. Hier findest du 16 Ausbildungsberufe.
   • Schreibe die weibliche Form auf.
   • Markiere die Verlängerungs-, Ableitungs- und Merkstellen.

Buchhändlerdrahtwarenmacheredelmetallprüferhandzuginstrumentenmacherkraft-
fahrzeugmechatronikermodellbauerreiseverkehrskaufmannschädlingsbekämpfer-
servicefahrersiebdruckertrockenbaumonteurwerksfeuerwerkerzweiradmechaniker-
rohrleitungsbauerphysiklaborantschiffbauer

_____

_____

_____

_____

_____

_____

_____

RECHTSCHREIBEN

5. Vorsilben (Präfixe) und Nachsilben (Suffixe) identifizieren.
Trennt man sie ab, findet man versteckte Verlängerungsstellen.

a) Nachsilben (Suffixe)

kennt|lich| – kennen _____   die Landschaft – _____

sorgsam – _____   der Händler – _____

schuldhaft – _____   das Wagnis – _____

lich, sam und haft sind Suffixe für – _____ .   schaft, ler und nis sind Suffixe für – _____ .

b) Vor- und Nachsilben

|ver|trag|lich| – tragen _____   vorbildhaft – _____

unsäglich – _____   untauglich – _____

bekanntlich – _____   unverständlich – _____

c) besondere Vorsilben: Partizip II

|ge|nannt – nennen _____   gebrüllt – _____   verkannt – _____

gerannt – _____   gelobt – _____   getagt – _____

geerbt – _____   gelockt – _____   geklemmt – _____

6. Zusammengesetzte Wörter zerlegen

Ball/gesell|schaft| – die Bälle, gesellig _____   Verbundwirtschaft – _____

Baustoffhändler – _____   Handballmannschaft – _____

Landschaftsgärtner – _____   Gesundheitsberufe – _____

7. Fehler korrigieren

Zerlege die Wörter. Markiere die Fehler mit dem Strategiezeichen und korrigiere die Fehler.

Beispiel: El/bogen – die Elle, also Ellbogen

Fußbalmanschaft – _____   Produktveretlerin – _____

Kentnisvermitlung – _____   volzeitschulisch – _____

Modeltechnik – _____   Verbantsleiter – _____

Schietsrichter – _____   Abschlusfeier – _____

Umzuksservice – _____   Stellenvermitler – _____

RECHTSCHREIBEN

Mit Strategien Regeln finden

Wann verdoppelt man einen Konsonanten?

1. Sprich die Wörter deutlich in Silben und markiere die Silbengrenze.

Silbengrenze ist die Grenze zwischen den Silben: Sil be, Ro se.

> Öle pauken Schote Schotte trimmen Schorle schonen spinnen trinken
>
> Note Normen können sollen Eltern Kinder Emma buhen Bulle
>
> Blase Blässe blinzeln empor Emil Ende Geige Geister Lumpen

2. Lege eine Tabelle an und ordne die Wörter aus Aufgabe 1 in die Tabelle ein.

1. Silbe offen (endet mit Vokal)	**1. Silbe geschlossen** (endet mit Konsonant)	
Silbengrenze: Vokal und Konsonant	Silbengrenze: 2 verschiedene Konsonanten	Silbengrenze: 2 gleiche Konsonanten

3. Kreuze die richtigen Aussagen an:
   - ❏ Ist die 1. Silbe offen, gibt es keine Konsonantenverdopplung.
   - ❏ Ist die 1. Silbe offen, gibt es eine Konsonantenverdopplung.
   - ❏ Konsonantenverdopplung gibt es nur, wenn die 1. Silbe geschlossen ist.
   - ❏ Wenn an der Silbengrenze zwei verschiedene Konsonanten stehen, gibt es keine Verdopplung.
   - ❏ Wenn an der Silbengrenze zwei verschiedene Konsonanten stehen, wird einer verdoppelt.

4. Überprüfe die Regel durch Verlängern.
   Ordne auch die Zweisilber in die Tabelle der Aufgabe 2 ein.

   Wand – _____   pumpt – _____   summt – _____

   meint – _____   Treff – _____   beugt – _____

   soll – _____   will – _____   denkt – _____

   kalt – _____   halt – _____   hallt – _____

5. **z** oder **tz**? Begründe durch Verlängern.

   der Bli___ – _____   die Tenden___ – _____   die Bilan___ – _____

   das Sal___ – _____   der Ar___t – _____   Toleran___ – _____

   der Scher___ – _____   schwar___ – _____   die Noti___ – _____

   das Trape___ – _____   der Lakri___ – _____   die Frequen___ – _____

6. Überprüfe durch Zerlegen.

   f, ff: Leucht/sto___/lampen – denn _____   He___tumschläge – denn _____

   m, mm: He___d kragen – denn _____   Schwi___unterricht – denn _____

   l, ll: Ste___platz – denn _____   Be___verhalten – denn _____

   k, ck: Ha___huhn – denn _____   Di___kopffalter – denn _____

   t, tt: Bla___werk – denn _____   ma___blau – denn _____

Wann schreibt man ie?

1. Sprich die Wörter deutlich in Silben und untersuche die Silbengrenze.

> Fin ger, Fieber finster gießen Giebel Gipfel Gitter kriegen immer Miete hinter nieder hindern niesen Hilfe Kirche nieseln Niete nippen Tiere klingeln wirken wieder piepen Pickel ziehen zielen zittern viele picken

Silbengrenze ist die Grenze zwischen den Silben: wie der, Wid der.

2. Ordne die Wörter in die Tabelle ein, und kreuze die richtige Antwort an.

Wörter mit **ie**	Wörter mit **i**
Fie ber	Fin ger
Gemeinsamkeit: 1. Silbe offen ❑ 1. Silbe geschlossen ❑	Gemeinsamkeit: 1. Silbe offen ❑ 1. Silbe geschlossen ❑

Merke: Die von dir gefundene Regel gilt nur für Zweisilber!

3. Überprüfe die Regel durch Verlängern.

Gift – _____   mies – _____   vier – _____   viel – _____

Tier – _____   Bier – _____   Trieb – _____   Rind – _____

blind – _____   schiebt – _____ zickt – _____   Gier – _____

4. Überprüfe die Regel durch Zerlegen.

ge|liebt – lieben   ged___nt – _____   gegr___nst – _____

gez___lt – _____   Z___r/leiste – _____   V___l/fl___ger _____ und _____

F___sling – _____   B___ld/hauer – _____   W___ld/d___b _____ und _____

5. In diesem Rätsel sind 9 Wörter mit i versteckt.
Finde sie und begründe, warum sie nicht mit ie geschrieben werden.

B	A	L	L	E	R	I	N	A	V	T
D	L	C	K	I	S	I	U	Z	D	P
I	F	Y	G	Y	C	Z	Q	E	P	V
R	A	X	O	G	W	B	L	N	T	I
I	M	G	J	K	N	H	P	T	F	T
G	I	C	V	E	R	O	N	I	K	A
E	L	X	C	Q	X	G	Y	M	W	M
N	I	T	U	R	B	I	N	E	L	I
T	E	M	U	V	J	F	I	T	K	N
M	A	S	C	H	I	N	E	E	D	E
Z	I	T	R	O	N	E	Q	R	C	F

_____

_____

_____

_____

_____

… werden nicht mit ie geschrieben, weil _____

_____

_____

6. Merken: Fremdwörter haben besondere Suffixe.

Nomen mit ie	Verben mit ieren
Batter|ie|, Geograf|ie|,	stud|ieren|, attack|ieren|

Finde je 10 Beispiele und schreibe sie in dein Heft.

RECHTSCHREIBEN

Wann schreibt man s – ss – ß ?

1. Sprich die folgenden Wörter deutlich in Silben. Finde ihre gemeinsamen Merkmale.

ß	s	ss
außen draußen Straße	Meise lesen Gase	essen lassen Gasse
Silbe offen ❑	1. Silbe offen ❑	1. Silbe offen ❑
Silbe geschlossen ❑	1. Silbe geschlossen ❑	1. Silbe geschlossen ❑
s stimmhaft (Summlaut) ❑	s stimmhaft (Summlaut) ❑	s stimmhaft (Summlaut) ❑
s stimmlos (Zischlaut) ❑	s stimmlos (Zischlaut) ❑	s stimmlos (Zischlaut) ❑

2. Problem: Einsilber und Auslaute
- Sprich die Wörter deutlich in Silben.
- Kreuze die richtige Antwort an.

> **Tipp**
> Für die s-Schreibung sind die 1. Silbe und die Aussprache wichtig.

misst   weist   heißt   isst   büßt   reist   grüßt   süßt   hasst   küsst   liest

Erlass   Beweis   Genuss   Ausweis   Gefäß   gemäß   Festpreis   Ausguss   Geheiß

❑ Die s-Laute in Einsilbern und am Wortende werden alle verschieden gesprochen.
❑ Die s-Laute in Einsilbern und am Wortende werden gleich gesprochen.

Das Problem löst sich durch _____. Trage die Beweiswörter in die Tabelle aus Aufgabe 1 ein.

3. Problem: unregelmäßige Verben
Auch hier helfen die gefundenen Regeln. Vervollständige die Tabelle.

Präsenz	Präteritum	Partizip II
Er isst – denn essen	Er aß – denn aßen	gegessen
	Er vergaß – denn	
		gelassen
Er misst – denn		
		geflossen
	Es spross	
Er schließt – denn		
Er sitzt – denn		

4. Überprüfe durch Zerlegen und setze ein: s – ss- oder ß.

Pass/kontrolle – denn Pässe

Fa___/anstich – denn _____

hä___ lich – _____

Hei___wurst – denn _____

Gie___/kanne – denn _____

Einla___/zeit – denn _____

unmä___ ig – denn _____

Ga___/flasche – denn _____

5. Merken (M)

die Nachsilbe nis   Beispiel: das Ergebnis – die Ergebnisse
Schreibe die Nomen aus der Wortschlange mit der Verlängerungsform auf.
ergebniserlebniserlaubnisbildnisverständnisereigniszeugniserzeugnisbefugnisve
rzeichnisgeheimnisbündnisgedächtnisverhältniserkenntnisbitterniserfordernisve
rsäumnisbegräbniszugeständnissparnisfinsternisvermächtnisgeständnis

RECHTSCHREIBEN

Strategien anwenden

1. Überblick: Wann hilft welche Strategie?

Strategie	bedeutet	Anwendungsbereich	Beispiele
Schwingen ‿	deutlich in Silben sprechen	**Buchstabenfehler im Wort:** • vertauschte • vergessene • zu viele Buchstaben	Bücher schwimmen
Verlängern ↝	eine Silbe anfügen	Am **Wortende** und bei **Einsilbern**	Aben**d**, schwi**mmt**
Ableiten ⚡	verwandte Wörter mit a und au suchen	**ä und äu**	B**äu**me von Baum R**ä**tsel von raten
Merken Ⓜ	abweichende Schreibung	Ausnahmen	Einsilber: Dehnungs-h: fahren V-Wörter Fremdwörter
Zerlegen ⊥	Einzelwörter finden Wortstammsuche: Bausteine abtrennen	Wortzusammensetzungen **von hinten nach vorn** erklären	Aben**d**/stille lieb|lich

2. Schreibweisen erklären

- Lies den Text.
- Setze das hilfreiche Strategiezeichen an die markierten Stellen.
- Schreibe die Beweise für die Schreibung auf die Seitenlinien.

Noch Chancen für Spätentschlossene von Regina Kleist (in Neue Westfälische Nr. 205 v. 4.9.2009)

In fast allen Städten sind nach den Sommerferien bei den Arbeitsagenturen viele junge Leute gemeldet, die aktuell einen Ausbildungsplatz suchen. Gleichzeitig werden aber auch offene Stellen angeboten, und es kommen täglich weitere Angebote herein.

Darum lohnt es sich auch im September noch, immer wieder nachzufragen.

„Auch nach den Ferien ist der Einstieg in eine Ausbildung noch durchaus möglich", meint die Teamleiterin der Berufsberatung Bielefeld. Gerade kleinere Unternehmen würden ihre Ausbildungsentscheidung oft später treffen. Außerdem hätten – wie seit Jahren leider üblich – einige Bewerber gleich mehreren Firmen Zusagen erteilt, würden dann jedoch am ersten Arbeitstag nicht antreten; manchmal sogar ohne abzusagen.

3. Fehler finden

- Lies den Text deutlich in Silben.
- Überprüfe die Schreibweisen mit Hilfe der Strategien.
- Setze die Strategiezeichen als Korrekturzeichen an die Fehlerstelle.
- Schreibe die Wörter richtig auf die Seitenlinien.

Lerstellen, die nicht angenomen werden, würden meistens ein zweites Mal angeboten. Alein in Bielefeld, so die Teamleiterin der Berufsberatung, sind noch in einigen Bereichen eine höhere Anzal an Ausbildungspletzen vorhanden, z. B. Ausbildungsplätze für ElecktrikerInnen. Weiter werden gesucht: FachverkeuferInnen für Bäckereien; HandelsasistentInnnen im Einzelhadel; Hörgeräteakustikerinnen; Kaufleute im Einzelhandel; Koch/Köchin; Restaurantfachleute. Stellen seien zum Beispil auch noch für Bäcker, Buchbinnder, Bürokaufleute, Fachkrefte für Schuz und Sicherheit, Friseure, Gebeudereiniger, Hotelfachleute oder Rechtsanwaltsfachagestelte zu erhalten. Selbst Jugendliche, die Tischler oder Pferdewird werden möchten, können auch zu diesem späten Zeitpunkt noch vermittelt werden.

Auch in anderen Kreisen sind noch Ausbildungsplätze zu vergeben: AltenpflegerInnen, HandelsassistetInnen im Einzelhandel, Augenoptiker, Fachkräfte im Fargastbetrib, Kaufleute für Bürokomunikatjion, im Einzelhandel, für Versicherungen und Finanzen, Restaurantfachleute.

Die Berufsberaterin der Arbeitsagentur Bielefeld ret unfersorgten Jugendlichen, bei ihrer Lehrstellensuche auch in die Bereiche der benachbarten Arbeitsagenturen zu bliken. Die Berufsberatungen helfen bei dieser Runtumschau gern. Für einen guten Arbeitsplatz lohnt es sich, auch etwas lengere Wege in Kauf zu nehmen.

(in Neue Westfälische Nr. 205 v. 4. 9. 2009)

_____
_____
_____
_____
_____
_____
_____
_____
_____
_____
_____
_____
_____
_____
_____

4. Führe eine **Fehleranalyse** durch. Trage die korrigierten Wörter in eine Tabelle ein, wie hier gezeigt, und markiere die Fehlerstelle.

⌣	↪	⚡	⊥	Ⓜ
Vergessene und vertauschte Buchstaben	Fehler bei Einsilbern und am Wortende	Ä und äu	Wortzusammensetzungen	Merkwörter: nicht verlängerbare Einsilber, Dehnungs-h, Wörter mit v, Wörter mit x, chs

Nomen und Nominalisierungen werden großgeschrieben

1. Lies den Text.

viren und keimen auf der spur

hepatitis, tuberkolose oder sogar schweinegrippe – erreger von krankheiten können überall lauern.

Ihre bekämpfung gehört zur routine des hygienewesens und erfordert einige fachleute: staatlich anerkannte desinfektoren.

walter bodenschatz, geschäftsführer der desinfektorenschule mainz schätzt ihre zahl auf 20 000.

Sie arbeiten in keinem klassischen ausbildungsberuf, sondern haben sich für diese tätigkeiten entsprechend qualifiziert.

desinfektoren arbeiten überall dort, wo höchste anforderungen an sauberkeit gestellt werden. Dazu gehören beispielsweise krankenhäuser, in denen professionelle reinigungskräfte eingesetzt werden, meint die stellvertretende geschäftsführerin des bundesinnungsverbandes des gebäudereiniger-handwerks in bonn.

(© dpa-tmn)

2. Kreuze die zutreffenden Antworten an.
- ❑ Texte, in denen Nomen kleingeschrieben werden, kann man nicht so gut lesen.
- ❑ Texte in denen Nomen kleingeschrieben werden, kann man besser lesen.
- ❑ Nomen zeigen an, um was es in dem Text geht.
- ❑ Nomen verschaffen schnell einen Überblick über den Text.

3. Nomen sind nicht immer leicht zu erkennen, weil sie von verschiedenen Wörtern begleitet werden können.
   a) Markiere die begleitenden Signalwörter.
   b) Bestimme sie mit Hilfe der Tabelle auf S. 19.

Viren und Keimen auf der Spur

Hepatitis, Tuberkulose oder sogar Schweinegrippe – Erreger von Krankheiten können überall lauern. Ihre Bekämpfung gehört zur Routine des Hygienewesens und erfordert einige Fachleute: staatlich anerkannte Desinfektoren.

_____

_____

_____

_____

Walter Bodenschatz, Geschäftsführer der Desinfektorenschule Mainz schätzt ihre Zahl auf 20 000. Sie arbeiten in keinem klassischen Ausbildungsberuf, sondern haben sich für diese Tätigkeiten entsprechend qualifiziert.

_____

_____

_____

Desinfektoren arbeiten überall dort, wo höchste Anforderungen an Sauberkeit gestellt werden. Dazu gehören beispielsweise Krankenhäuser, in denen professionelle Reinigungskräfte eingesetzt werden, meint die stellvertretende Geschäftsführerin des Bundesinnungsverbandes des Gebäudereiniger-Handwerks in Bonn. (© dpa-tmn)

_____

_____

_____

_____

4. Diese Signalwörter können Nomen begleiten.
Ergänze die Tabelle durch Beispiele.

Beispiel	Wortart	weitere Bespiele
die Spur, eine Spur	**Artikel** – bestimmter Artikel – unbestimmter Artikel	
zwei, drei Spuren einige, wenige, viele Spuren	**Numerale** – bestimmtes Zahlwort – unbestimmtes Zahlwort	
diese Spur	**Demonstrativpronomen**	
meine, deine, seine, unsere, eure, ihre Spur	**Possessivpronomen**	
heiße Spuren	**Adjektiv**	
täusch**end**e Spuren	**Partizip I**	
gefundene Spuren	**Partizip II**	
an/ bei/ nach Spuren	**Präposition**	
zur Spur	**versteckter Artikel**	

5. Strategien zur Überprüfung von Nomen
- Nicht alle Nomen in Texten werden von Signalwörtern begleitet.
- Um sie zu bestimmen, gehe strategisch vor: Wende Nomenproben an.

> **Artikelprobe:** Vor Nomen im Satz kann man einen Artikel setzen, ohne dass der Satz sich ändert.
> Beispiel: Erreger von Krankheiten können überall lauern.
>   **Die** Erreger **der** Krankheiten können überall lauern.
>
> **Zählprobe:** Nomen kann man zählen. (bestimmte und unbestimmte Zahlwörter)
> Beispiel: **Viele** Erreger **einiger** Krankheiten können überall lauern.
>
> **Adjektivprobe:** Nomen kann man mit einem Adjektiv beschreiben.
> Beispiel: **Aktive** Erreger **gefährlicher** Krankheiten können überall lauern.

Überprüfe 5 der im Text S. 18 gefundenen Nomen ohne Signalwort mit Hilfe einer der Proben.

_____

_____

_____

_____

_____

RECHTSCHREIBEN

1. Die Nomenproben helfen, nominalisierte Adjektive zu erkennen. (xX)
Beispiel: Die Hygiene in Krankenhäusern ist wichtig.
aber: Hygiene im Krankenhaus ist **etwas** Wichtig**es. (Zählprobe)**

unbestimmte Numerale				
etwas	wenig	viel	manches	nichts
allerlei	einiges			

Adjektive		
sauber	verschmutzt	desinfiziert
einfach	kompliziert	besonders genau

Aufgabe:

Verwende die Adjektive so, dass sie großgeschrieben werden.

_____

_____

_____

2. Die Proben helfen, nominalisierte **Verben im Infinitiv** zu erkennen.
Beispiel: Desinfektoren müssen viel wissen.
aber: (Das) Wissen und (das) Können der Desinfektoren müssen umfangreich sein.
      (Artikelprobe)
      (Differenziertes) Wissen hilft der Hygiene in (den) Krankenhäusern. (Adjektiv- bzw. Artikelprobe)

Adjektive		
genau	mühsam	interessant
intensiv	gewissenhaft	

Verben		
wissen	desinfizieren	bekämpfen
erarbeiten	lernen	vermitteln

Bilde (mit Hilfe der Adjektive) Sätze, in denen ein Verb nominalisiert wird.

_____

_____

_____

_____

3. Auch Partizipien können wie Nomen gebraucht werden. Dann schreibt man sie groß.
Beispiel: Er wiederholte **das Gedachte.**

gemeint, gedacht, geliebt, gesagt, reisend, denkend, folgend	Nutze die Prinzipien wie Nomen: _____ _____ _____

4. Verben und Adjektive können durch Endungen (-heit, -keit, -ung) nominalisiert werden.
Suche Beispiele im Text.

_____

RECHTSCHREIBEN

Strategien zur Großschreibung anwenden

a) Markiere die Nomen mit dem Strategiezeichen (xX) .

b) Beweise durch eine der Nomenproben.

In deutschland gibt es 18 ausbildungsstätten für desinfektoren, in denen 400 menschen pro jahr ihre ausbildung abschließen. Außer reinigungsfirmen und gesundheitspersonal gehören auch schädlingsbekämpfer dazu, die bei ihrer tätigkeit ebenfalls mit mikroorganismen zu tun haben. Der zugang zur ausbildung scheint relativ einfach, doch der zu lernende stoff hat es in sich. Die grundkurse vermitteln bekämpfung von infektionskrankheiten, sterilisation, lebensmittelhygiene, schädlingskunde sowie einzusetzende desinfektionsmittel. Dazu müssen umfangreiche rechtliche Grundlagen gebüffelt werden. Eine besondere form ist die raumdesinfektion, häufig auch begasung genannt, bei der beispielsweise formaldehyd vernebelt und verdampft wird und die kleinsten verborgenen Winkel erreicht. Eine fachkraft für diese arbeiten muss gesundheitlich fit sein und den ärztlichen nachweis erbringen, atemschutzgeräte benutzen zu können. Im unterricht sprechen die dozenten ausführlich über erreger wie pilze, bakterien, viren oder parasiten und lehren, was sich gegen sie tun lässt. Die kursteilnehmer erfahren, dass auch amtsräume, schulen, wäschereien, badeanstalten, trinkwasseranlagen und sogar pharmazeutische betriebe ihre einsatzgebiete sein können. Die Ausbildung ist eine zusatzqualifikation für bestimmte arbeitsbereiche und menschen, die schon eine ausbildung haben. Der unterricht dauert 112 stunden. Wer mehrfach fehlt, kann nicht zur prüfung antreten. Als am ende des 19.jahrhunderts seuchen in deutschland ein problem waren, begann eine organisierte bekämpfung der erreger. Sie lag in der zuständigkeit einfacher beschäftigter des öffentlichen dienstes, die keine besonders qualifizierte ausbildung besaßen. Heute ist die organisierte reinigung und desinfektion gar nicht mehr wegzudenken. (© dpa-tmn)

21

Mit Hilfe von Strategien Texte verstehen

Staatsangehörigkeitsangelegenheiten

von Wladimir Kaminer

Die deutsche Sprache hat einen Vorteil, der unbestritten ist und keiner anderen Sprache so umfangreich gewährt wird: Deutsch ist lang und kann nach Belieben immer noch länger werden. Die Freiheit des Wortzusammensetzens steht zwar nicht im Grundgesetz, wird aber von allen Bevölkerungsgruppen oft und gerne in Anspruch genommen. Wie mit einem Legobaukasten mühelos aus einem Krokodil ein Flamingo gebaut werden kann, so lässt sich jedes deutsche Wort mit einem anderen Wort zusammenstecken, sogar mit einem ausländischen, da sind die deutschen Wörter total offen. Substantive lassen sich mit Adjektiven verknüpfen und umgekehrt. Ebenso kann man neue Verben aus Substantiven ableiten und umgekehrt. Die Redewendungen, die dabei entstehen, sind zwar nicht unbedingt im Duden zu finden, dafür werden sie sofort von allen verstanden.

Der Nachteil ist: Als Ausländer lernt man diese Sprache nie aus.

Der Vorteil: Man kann im Deutschen zur Not alles mit einem Wort sagen. Dazu noch mit einem selbstgebastelten – die beste Überwindungstaktik bei Kommunikationsschwierigkeiten. Übrigens ist jedes zweite Wort in dieser kleinen Sprachliebeserklärung nicht übersetzungsfähig. Im Russischen würde man für jedes dieser Wörter mindestens eine halbe Seite brauchen. Aber hier können sogar Kleinkinder mühelos „Lernspielenzyklopädie" aussprechen oder „Freistellungsauftrag".

Im Internet streiten sich die Internetnutzer oft darüber, was das längste deutsche Wort ist. – Sie streiten erfolglos. Denn jedes Mal, wenn einer einen Vorschlag macht, setzt ein anderer sofort das Wort fort und so geht es immer weiter, bis das Wort nicht mehr ins Internet passt und aus dem Rechner herausfällt. Dann heißt es „Computerwortausfall" – und basta. Als großer Freund der Knappheit nutze ich die zusammengeklappten Wörter gerne als Überschriften für meine Geschichten: „Die Lebensmittelladenmusik" oder die „Radioliebe" etwa. Auch „Russendisko" ist ein sehr deutsches Hybrid. Auf Russisch würde die Russendisko längst nicht

so knackig klingen – „Russkaja Diskotheka". Damit wäre das mangelnde Angemutetsein schon vorprogrammiert.

Oft lassen die langen Wörter Nichtigkeiten wichtig erscheinen, und Menschen, die sie benutzen, klingen redegewandt. Zurzeit stehe ich in einem aktiven Briefwechsel mit dem Bezirksamt. Als Adresse muss ich unter anderem das Wort" Staatsangehörigkeitsangelegenheiten" auf den Briefumschlag schreiben. Das ist momentan mein Lieblingswort. Es passt kaum auf die Briefumschlagsfreifläche, sieht total cool aus und hört sich sehr wichtig an.

In Wirklichkeit geht es bei diesem ganzen Briefwechsel nur um eine einfache Einbürgerungsbescheinigungsausstellung – also Kinderkram.

(aus: Das schönste deutsche Wort. Hrsg. von Dr. J. Limbach. Hueber Verlag Ismaning, S. 80/81) © Wladimir Kaminer

1. Welche Strategie ist für das Verstehen der deutschen Sprache die wichtigste? _____

2. Erkläre die Bedeutung der mit dem Strategiezeichen ⊕ markierten Wörter. Schreibe in dein Heft.

3. Kaminer schreibt, dass sich deutsche Wörter durch Zusammensetzung verändern. Finde Beispiele für:

   a) Adjektive und Nomen,

   _____

   b) deutsche Wörter und ausländische Wörter,

   _____

   c) Wörter mit Präfixen oder Suffixen.

   _____

4. Erkläre die Schreibweisen der mit den Strategiezeichen markierten Wörter auf den Linien.

5. Setze diese Merkzeichen an entsprechende Stellen im Text. Ⓜ Ⓜ Ⓜ Ⓜ Ⓜ Ⓜ Ⓜ Ⓜ Ⓜ Ⓜ

6. Welche Strategie hilft an den mit ◯ markierten Stellen? Trage das Zeichen ein.

RECHTSCHREIBEN

Seite 6

1. Weiter bil dungs bör se, Be wer bungs un ter la gen, Stel len aus schreibung, Be rufs be ra ter sprech stun de, Zer spa nungs me cha ni ker, Frucht saft tech nik fach kraft

2.

	M	E	D	I	E	N	G	E	S	T	A	L	T	E	R			
L	I	C	H	T	R	E	K	L	A	M	E	H	E	R	S	T	E	L	L	E	R
L	A	C	K	L	A	B	O	R	A	N	T	A	U	G	E	N	O	P	T	I	K	E	R
Z	U	P	F	I	N	S	T	R	U	M	E	N	T	E	N	B	A	U	E	R
H	O	L	Z	B	L	A	S	I	N	S	T	R	U	M	E	N	T	E	N	B	A	U	E	R
			G	E	R	Ä	T	E	Z	U	S	A	M	M	E	N	S	E	T	Z	E	R
				R	A	U	M	A	U	S	S	T	A	T	T	E	R
				I	N	F	O	R	M	A	T	I	K	K	A	U	F	M	A	N	N
			G	A	S	T	R	O	N	O	M	I	E	F	A	C	H	M	A	N	N
		E	D	E	L	S	T	E	I	N	E	I	N	F	A	S	S	E	R
					G	L	A	S	A	P	P	A	R	A	T	E	B	A	U	E	R
	G	E	I	G	E	N	B	A	U	E	R	M	E	C	H	A	T	R	O	N	I	K	E	R

3. Augenoptiker/in, Edelsteineinfasser/in, Gastronomiefachmann/frau, Gerätezusammensetzer/in, Geigenbauer/in, Glasapparatebauer/in, Holzblasinstrumentenbauer/in, Informatikkaufmann/frau, Lacklaborant/in, Lichtreklamehersteller/in, Mechatroniker/in, Mediengestalter/in, Raumausstatter/in, Zupfinstrumentenbauer/in

4. 12-mal „in", 2-mal „frau"

Seite 7

5. E feu, Ber ge, I gel, E sel, Zeu ge, O fen, Ren te, A bend, Feu er, Him mel, U hu, Fes te, hin dern, Eu le, Ka mel, Kan ne, Ma ler, Rät sel, No ten, Pel ze, sau ber, sal zig, Sul tan, ma ger, Tin te, Töp fer, Ro se

6. Richtige Aussagen:
Alle Silben haben einen Vokal.
Alle Silben enden entweder mit einem Vokal oder mit einem Konsonanten.
Vokale können allein eine Silbe bilden.

7. 1. Silbe offen: Efeu, Igel, Esel, Zeuge, Ofen, Abend, Feuer, Uhu, Eule, Kamel, Maler, Noten, sauber, mager, Rose
An der Silbengrenze treffen sich ein Vokal und ein Konsonant.
1. Silbe geschlossen: Berge, Rente, Himmel, Feste, hindern, Kammer, Kanne, Rätsel, Pelze, salzig, Sultan, Tinte, Töpfer, Sorte, Tölpel
An der Silbengrenze treffen sich zwei Konsonanten.

8. In sti tu ti on, In no va ti on, I ni ti a ti ve, Re pro duk ti on, In di vi du um, Bak te ri en, Kom mu ni ka ti on, Di a lekt, Kal ku la ti on, A lu mi ni um, Al ler gi en, Ko o pe ra ti on

9. Quacksalber, Quader, Quadratwurzel, Qualle, Quartal, Quartier, Querkopf, Querulant, Quintessenz, Quiz

Seite 8

1. der Ertrag, der Begri**ff**, der Sta**b**, der Unfa**ll**, der Pfa**d**, der Anfa**ll**, das Mitglie**d**, der Beitra**g**, ma**tt**, der Mor**d**, der Raba**tt**, der Kamera**d**, das Lei**d**, der Zwei**g**, trü**b**, der Erwer**b**, viole**tt**, der Urlau**b**, komple**tt**, der Abfa**ll**, der Sto**ff**, das Kabine**tt**, der Auftra**g**, der Tre**ff**

2. Wörter mit b: die Stäbe, trüber, erwerben, die Urlaube
Wörter mit d: die Pfade, die Mitglieder, die Morde, die Kameraden, die/das Leiden
Wörter mit g: die Erträge, die Beiträge, die Rabatte, die Zweige, die Aufträge
Wörter mit doppelten Konsonanten: die Begriffe, die Unfälle, die Anfälle, matter, violette, komplette, die Abfälle, die Stoffe, die Kabinette, die Treffen

3. rechts – rechte, der Besitz – besitzen, das Trapez – die Trapeze, abseits – die Seite, das Lakritz – die Lakritze, die Tendenz – die Tendenzen, nichts – nichtig, das Gesetz – die Gesetze, der Anreiz – die Anreize

---

RECHTSCHREIBEN

4. still: stiller = Adjektiv, die Stille = Nomen, wir/sie stillen = Verb
toll: toller als = Adjektiv, die Tolle = Nomen, wir tollen = Verb
trüb: trüber als = Adjektiv, wir trüben = Verb, das Trübe = Nomen

Seite 9

1. säuerlich, die Beute, bäuerlich, die Meute, glänzen, schändlich, krächzen, kränzen, rennen, die Schwäche, mächtig, die Kälte, hässlich, die Hemden, schälen, die Gesänge, säuisch, die Zelte, schädlich, gräulich, häuten, das Gemäuer, gläubig, gänzlich

2. Wörter mit ä: der Glanz, die Schande, der Krach, der Kranz, schwach, die Macht, kalt, der Hass, die Schale, der Gesang, schaden, ganz
Wörter mit äu: sauer, der Bauer, die Sau, grau, die Haut, die Mauer, der Glaube

1. a<u>b</u>, un<u>d</u>, hera<u>n</u>, da<u>nn</u>, we<u>nn</u>, de<u>nn</u>, dri<u>n</u>, rau<u>s</u>, mi<u>r</u>, bal<u>d</u>, wi<u>r</u>, o<u>b</u>, bi<u>s</u>, a<u>n</u>, i<u>st</u>, herei<u>n</u>, hera<u>u</u>s, herunter, vorau<u>s</u>, dra<u>n</u>, seh<u>r</u>, woh<u>l</u>, ih<u>m</u>, ih<u>r</u>, <u>ih</u>nen, <u>oh</u>ne, <u>wäh</u>rend, meh<u>r</u>, hera<u>b</u>, herauf, woh<u>l</u>

2. Dehnungs-h: gähnen, kühlen, rühmen, zähmen, fahren, die Zahlen, mahlen, die Mühle, die Uhren, fehlen, strahlen, suhlen, die Ehre, wühlen

Seite 10

1. (siehe oben rechts)

2.

1)	T	H	E	O	R	I	E								
2)	T	H	R	O	M	B	O	S	E						
3)	T	H	R	O	N										
4)	T	H	U	N	F	I	S	C	H						
5)	T	H	Ü	R	I	N	G	E	N						
6)	T	H	E	R	E	S	E								
7)	A	T	H	L	E	T									
8)	A	P	O	T	H	E	K	E	R						
9)	T	H	E	R	A	P	E	U	T						
10)	Ä	T	H	I	O	P	I	E	N						
11)	Ä	T	H	E	R										
12)	T	H	E	R	M	O	S	F	L	A	S	C	H	E	
13)	T	H	E	O	L	O	G	E							
14)	T	H	E	R	M	O	M	E	T	E	R				
15)	T	H	E	S	E										

---

1. Vaseline, Vase, Vulkan, Wrack, Volt, Vokabel, Workshop, Violine, Vitamine, Vatikan, Worldcup, Walkman, Viren, Villa, Vivaldi, Vietnam, Viktoria, Videotext, Vegetation, Venezuela, Wisent, relevant, Wrestling, Vokal

3. Delfin, Mikrofon Fantasie, Orthografie

4. Hydraulik, typisch, **Sympathie, Zylinder, Physiotherapie, Tyrann, Physiker, Yoga, Yachten, Biskaya, Hyazinthe, Gymnasium, Ypsilon, Hypothese, Systematik, Papaya, Yams**
y spricht man **wie ü** oder **j.**

Seite 11

1. Taschen/lampen/konzert – Konzert mit Taschenlampen; Schweine/grippe/impfung – Impfung gegen Schweinegrippe; Geschäfts/bedingungen – Bedingungen für Geschäfte; Praktikums/mappe – Mappe für/über das Praktikum; Sprach/sicherheits/test – Test über die Sicherheit in der Sprache; Ausbildungs/vergütung – Vergütung in der Ausbildung

2. Wal**d**/pfa**d** – der Wald, die Pfade; Gol**d**/schmie**d** – golden, die Schmiede; Sta**b**/hoch/sprung – die Stäbe, die Sprünge; Run**d**/schla**g** – die Runde, die Schläge; Stam**m**/personal – die Stämme; Aben**d**/blatt/verkauf – die Abende, die Blätter; Wirk/stoff/prüfer – die Stoffe; Kabine**tt**/sitzung – die Kabinette; Brenn/stoff/quelle – brennen, die Stoffe; Er**d**/aushu**b** – die Erde, ausheben

RECHTSCHREIBEN

LÖSUNGEN ZU DEN ÜBUNGSBEREICHEN 1 BIS 3

3. Änderungs/schneider/in, Wirk/stoff/analyse, Huf/beschlags/schmied/in

4. Buch/händlerin, Draht/waren/macherin, Edel/metall/prüferin, Hand/zug/instrumenten/macherin, Kraft/fahrzeug/mechatronikerin, Modell/bauerin, Reise/verkehrs/kauf/frau, Schädlings/bekämpferin, Service/fahrerin, Sieb/druckerin, Trocken/bau/monteurin, Werks/feuer/werkerin, Zweirad/mechanikerin, Rohr/leitungs/bauerin, Physik/laborantin, Schiff/bauerin

Seite 12

5. a) sorg|sam – sorgen, schuld|haft – schulden; lich, sam und haft sind Suffixe für **Adjektive.**

handeln; das Wag|nis – wagen; schaft, ler und nis sind Suffixe für **Nomen.**

b) un|säg|lich – sagen; be|kannt|lich – kennen; vor|bild|haft – die Bilder, die Vorbilder; un|verstän|d|lich – taug|lich – taugen; un|verständ|lich – verstanden

c) ge|brüllt – brüllen; ver|kannt – kennen; ge|rannt – rennen; ge|lobt – loben; ge|tagt – tagen; ge|erbt – erben; ge|lockt – locken; ge|klemmt – klemmen

6. Ver|bund/wirt|schaft – verbunden; Bau/stoff/händ|ler – die Stoffe, handeln; Hand/ball/mann|schaft – die Hände, die Bälle, die Männer; Land|schafts|gärtner – die Länder, der Gar-ten; Gesund|heits|berufe – gesunder Fuß/bal/man|schaft – die Bälle, die Männer; Produkt/veret|ler – veredeln; Kent|nis|vermit|lung – kennen, vermitteln; vol/zeit/schulisch – volle; Model/technik – Modelle; Verbants/leiter – Verbände; Schiets/richter – entschieden; Abschlus/feier – Abschlüsse; Umzuks/service – Umzüge; Stellen/vermit|ler – vermitteln

Seite 13

2.

1. Silbe offen	1. Silbe geschlossen (endet mit Konsonant)
Öle, pauken, Schote, schonen, Note, buhen, Blase, Emil, Geige	Schorle, trinken, Normen, Eltern, Kinder, blinzeln, empor, Ende, Geister, Lumpen
	Schotte, trimmen, spinnen, können, sollen, Emma, Bulle, Blässe
meinen, beugen	die Wände, pumpen, denken, kälter, halten	summen, die Treffen, sollen, wollen, hallen

3. Richtige Aussagen:
Ist die 1. Silbe offen, gibt es keine Konsonantenverdopplung.
Konsonantenverdopplung gibt es nur, wenn die 1. Silbe geschlossen ist.
Wenn an der Silbengrenze zwei verschiedene Konsonanten stehen, gibt es keine Verdopplung.

RECHTSCHREIBEN

LÖSUNGEN ZU DEN ÜBUNGSBEREICHEN 1 BIS 3

4. Wand – die Wände; pumpt – pumpen; summt – summen; meint – meinen; Treff – die Treffen; beugt – beugen; soll – sollen; will – wollen; denkt – denken; kalt – kälter; halt – halten; hallt – hallen

5. der Blitz – blitzen; die Tendenz – die Tendenzen; die Bilanz – die Bilanzen; das Salz – die Salze; der Arzt – die Ärzte; Toleranz – Toleranzen; der Scherz – scherzen; schwarz – schwärzer; die Notiz – die Notizen; das Trapez – die Trapeze; der Lakritz – die Lakritze; die Frequenz – die Frequenzen

6. Leucht/stoff/lampen – denn Stoffe; Heft/umschläge – denn Hefte; Hemd/kragen – denn Hemden; Schwimm/unterricht – denn schwimmen; Stell/platz – denn stellen; Bell/verhalten – denn bellen; Hack/huhn – denn hacken; Dick/kopffalter – denn dicker; Blatt/werk – denn Blätter; matt/blau – denn matter

Seite 14

2.

Fie ber, gie ßen ,Gie bel, krie gen, Mie te, nieder, niesen, nieseln, Niete, Tiere, wieder, piepen, ziehen, zielen, viele	Fin ger, fins ter, Gip fel, Git ter, im mer, hinter, hindern, Hilfe, Kirche, nippen, klingeln, wirken , Pickel, zittern, picken
Gemeinsamkeit: 1. Silbe offen	Gemeinsamkeit : 1. Silbe geschlossen

Seite 15
1. und 2.

außen, draußen, Straße, heißen, büßen, grüßen, süßen, Gefäße, gemäßer, Geheiße	Meise, lesen, Gase, weisen, reisen, lesen, beweisen, Ausweise, Festpreise	essen, lassen, Gasse, messen, essen, hassen, küssen, Erlasse, Genüsse, Ausgüsse
1. Silbe offen s stimmlos (Zischlaut)	1. Silbe offen s stimmhaft (Summlaut)	1. Silbe geschlossen s stimmlos (Zischlaut)

2. Die s-Laute in Einsilbern und am Wortende werden gleich gesprochen. Das Problem löst sich durch Verlängern.

3.

Präsenz	Präteritum	Partizip II
Er isst – denn essen	Er aß – denn aßen	gegessen
Er vergisst – denn vergessen	Er vergaß – denn vergaßen	vergessen
Er lässt – denn lassen	Er ließ – denn ließen	gelassen
Er misst – denn messen	Er maß – denn maßen	gemessen
Er fließt – denn fließen	Er floss – denn flossen	geflossen
Es sprießt – denn sprießen	Es spross – denn sprossen	gesprossen
Er schließt – denn schließen	Er schloss – denn schlossen	geschlossen
Er sitzt – denn sitzen	Er saß – denn saßen	gesessen

---

3. Gift – Gifte; mies – mieser; vier – zu vieren; viel – viele; Tier – Tiere; Bier – Biere; Trieb – Triebe; Rind – Rinder; blind – blinder; schiebt – schieben; zickt – zicken; Gier – gieren

4. ge|liebt – lieben; ge|dient – dienen; ge|grinst – grinsen; ge|zielt – zielen; Zier/leiste – zieren; Viel/flieger – viele und Flieger; Fies|ling – fieser; Bild/hauer – Bilder; Wild/dieb – wilder und Diebe

5.

B	A	L	L	E	R	I	N	A	
D							Z		
I	F						E	V	
R	A						N	I	
I	M						T	T	
G	I	V	E	R	O	N	I	K	A
E	L							M	M
N	I	T	U	R	B	I	N	E	I
T	E							T	N
M	A	S	C	H	I	N	E	E	
Z	I	T	R	O	N	E	R		

Ballerina, Veronika, Turbine, Maschine, Zitrone, Dirigent, Familie, Zentimeter, Vitamine werden nicht mit ie geschrieben, weil sie keine Zweisilber sind. Damit gilt die Regel nicht.

4. Gieß/kanne – denn gießen; Fass/anstich – denn Fässer; Einlasszeit – denn einlassen; häss[lich] – denn hassen; unmäß[ig] – denn Maße; Heißwurst – denn heißer; Gas/flasche – denn Gase

5. Ergebnis, Erlebnis, Erlaubnis, Bildnis, Verständnis, Ereignis, Zeugnis, Erzeugnis, Befugnis, Verzeichnis, Geheimnis, Bündnis, Gedächtnis, Verhältnis, Erkenntnis, Bitternis, Erfordernis, Versäumnis, Begräbnis, Zugeständnis, Ersparnis, Finsternis, Vermächtnis, Geständnis

Seite 16

2. Städten, Sommerferien viele, aktuell, Ausbildungsplatz, offene, kommen, täglich, herein, lohnt, Einstieg, mög[lich], Teamleiterin, Unternehmen, Ausbildungs/entscheidung, Jahren, mehreren, Arbeitstag, ohne

Seite 17

3. Lerstellen, angenomen, alein, Anzal, Ausbildungsplätzen, ElecktrikerInnen, FachverkeuferInnen, HandelsasistentInnen, Einzelhadel, Bei/spil, Buchbinder, Fachkrefte, Schuz, Gebeudereiniger, Rechtsanwaltsfachagestel/te, Pferdewird, HandelsassistetInnen, Fargast/betrib, Bürokomunikatjon, unfersorgen, bliken, Runt/umschau, lengere ret, unfersorgen

4. angenommen, **allein**, Elektriker, **Handelsassistentin**, Einzelhandel, Buchbinder, Handelsassistentin, Rechtsanwaltsfachangestellte, **Bürokommunikation**, blicken

Beispiele, schützen, Pferdewirte

Ausbildungsplätze/platz, FachverkäuferInnen/ verkaufen, Fachkräfte/Kraft, Gebäude/Bau, rät/raten, länger/lang

Angestellte/anstellen, Fahrgast/be/triebe, Rund/umschau/runder

Lehrstellen, Anzahl, Fahrgast, unversorgt

Seite 18

2. Zutreffend:
Texte, in denen Nomen kleingeschrieben werden, kann man nicht so gut lesen.
Nomen zeigen an, um was es in dem Text geht.
Nomen verschaffen schnell einen Überblick über den Text.

3. b) auf der Spur – Präp.+ Art.; von Krankheiten – Präp.; ihre Bekämpfung – Poss. Pr.; zur Routine – versteckter Art.; des Hygienewesens – Art.; einige Fachleute – unbest. Num.; anerkannte Desinfektoren – Part.; der Desinfektorenschule – Art.; ihre Zahl – Poss. Pr.; klassischen Ausbildungsberuf – Adj.; für diese Tätigkeiten – Demonstrativ Pr.; höchste Anforderungen – Adj.; an Sauberkeit – Präp.; professionelle Reinigungskräfte – Adj.; stellvertretende Geschäftsführerin – Part.; des Bundesinnungsverbandes des Gebäudereiniger-Handwerks – Art.; in Bonn – Präp.

Seite 19

4. Mögliche Beispiele:
Artikel: des Hygienewesens
Numerale: einige Fachleute
Demonstrativpronomen: diese Tätigkeiten
Possessivpronomen: ihre Zahl
Adjektive: höchste Anforderungen, professionelle Reinigungskräfte
Partizip I: stellvertretende Geschäftsführerin
Partizip II: anerkannte Desinfektoren
Präposition (mit Artikel): auf der Spur, von Krankheiten
Versteckter Artikel: zur Routine

5. die Viren, viele Viren, gefährliche Viren
die Schweinegrippe, aggressive Schweinegrippe
der Geschäftsführer, der neue Geschäftsführer
die Desinfektoren, viele Desinfektoren, qualifizierte Desinfektoren
die Krankenhäuser, moderne Krankenhäuser, viele Krankenhäuser

Seite 20

1. Z. B.: etwas Sauberes, viel Verschmutztes, nichts Desinfiziertes, nichts Genaues, manches Komplizierte

2. Z. B.: genaues Wissen, mühsames Erarbeiten, gewissenhaftes Desinfizieren, intensives Vermitteln, intensives Lernen

3. das Gemeinte, das Gedachte, etwas Gedachtes, der/die Geliebte, das Gesagte, etwas Gesagtes,

---

der Reisende, der/die Denkende, das Folgende

2. Staats/angehörigkeits/angelegenheiten: Angelegenheiten, die die Angehörigkeit zum Staate betreffen
Wort/zusammen/setzen: Zusammensetzen von Wörtern

4. die Krankheit, die Bekämpfung, die Tätigkeit, die Ausbildung, die Anforderung

Seite 21

a) Nomen sind:
In **deutschland** gibt es 18 **ausbildungsstätten** für **desinfektoren**, in denen 400 **menschen** pro **jahr** ihre **ausbildung** abschließen. Außer **reinigungsfirmen** und **gesundheitspersonal** gehören auch **schädlingsbekämpfer** dazu, die bei ihrer **tätigkeit** ebenfalls mit **mikroorganismen** zu tun haben. Der **zugang** zur **ausbildung** scheint relativ einfach, doch der zu lernende **stoff** hat es in sich. Die **grundkurse** vermitteln **bekämpfung** von **infektionskrankheiten, sterilisation, lebensmittelhygiene, schädlingskunde** sowie einsetzende **desinfektionsmittel.** Dazu müssen umfangreiche rechtliche **Grundlagen** gebüffelt werden.
Eine besondere **form** ist die **raumdesinfektion,** häufig auch **begasung** genannt, bei der beispielsweise **formaldehyd** vernebelt und verdampft wird und die kleinsten verborgenen **Winkel** erreicht. Eine **fachkraft** für diese **arbeiten** muss gesundheitlich fit sein und den ärztlichen **nachweis** erbringen. Im **unterricht** sprechen die **dozenten** ausführlich über **erreger** wie **pilze, bakterien, viren** oder **parasiten** und lehren, was sich gegen sie tun lässt.
Die **kursteilnehmer** erfahren, dass auch **amtsräume, schulen, wäschereien, badeanstalten, trinkwasseranlagen** und sogar pharmazeutische **betriebe** ihre **einsatzgebiete** sein können.
Die **ausbildung** ist eine **zusatzqualifikation** für bestimmte **arbeitsbereiche** und **menschen,** die schon eine **ausbildung** haben. Der **unterricht** dauert 112 **stunden.** Wer mehrfach fehlt, kann nicht zur **prüfung** antreten.
Als am **ende** des 19. **jahrhunderts seuchen** in **deutschland** ein **problem** waren, begann eine organisierte **bekämpfung** der **erreger.** Sie lag in der **zuständigkeit** einfacher **beschäftigter** des öffentlichen **dienstes,** die keine besonders qualifizierte **ausbildung** besaßen.
Heute ist die organisierte **reinigung** und **desinfektion** gar nicht mehr wegzudenken.

Bevölkerungs/gruppen: Gruppen der Bevölkerung
Lego/bau/kasten: Baukasten mit Legosteinen
Überwindungs/taktik: Taktik zum Überwinden von etwas
Sprach/liebes/erklärung: Eine Liebeserklärung für / an die Sprache
nicht übersetzungsfähig: nicht fähig, übersetzt zu werden, kann nicht übersetzt werden
Lern/spiel/enzyklopädie: eine Sammlung von Spielen, mit denen man lernt
Computer/wort/ausfall: das Ausfallen eines Wortes aus dem Computer
Lebens/mittel/laden/musik: Musik in einem Laden, der Mittel zum Leben verkauft
Radio/liebe: Liebe zum Radio
Russen/disko: Disko von/für Russen
redegewandt: gewandt in der Rede
Brief/wechsel: Wechsel/Austausch von Briefen
Brief/umschlags/frei/fläche: eine freie Fläche auf dem Umschlag eines Briefes
Einbürgerungs/bescheinigungs/ausstellung: das Ausstellen einer Bescheinigung der Einbürgerung

3. a) umfangreich, Kleinkinder, redegewandt, übersetzungsfähig

b) Kommunikationsschwierigkeiten, Lernspielenzyklopädie, Überwindungstaktik

c) Vorteil, Freiheit, mühelos, ausländisch, entstehen

4. nach dem Belieben (Art. Pr.); länger – lang; steht – stehen; Grund/gesetz – die Gründe, die Gesetze; lässt – lassen; Ausländer – Ausland; im (in dem) Deutschen (Art. Pr.); Erklärung – klarmachen; im (in dem) Russischen (Art. Pr.); erfolg[los] – die Erfolge; der Vorschlag – die Vorschläge; geht – gehen; passt – passen; die Knappheit – knapper (Art. Pr.); auf Russisch – auf schönem Russisch (Adj. Pr.); längst – lange; das mangelnde Angemutetsein (Adj. Pr.); die Nichtigkeiten (Art. Pr.); Lieb[lings]/wort – lieben; Freifläche – flach; in der Wirklichkeit (Art. Pr.).

5. Mögliche Merkwörter: **Staat, Vorteil,** gewährt, umgekehrt, Adjektive, Substantive, **hier,** Enzyklopädie, Hybrid, vorprogrammiert, redegewandt, **cool**

6. Bei diesen Wörtern hilft das Schwingen.

Seite 23

1. Zum Verstehen muss man zusammengesetzte Wörter zerlegen können.

RECHTSCHREIBEN

Diktierzeit: ca. 15 min

LERNFORTSCHRITTSERMITTLUNG

Name: _____ Klasse: _____ Datum: _____

Schreibe die diktierten Wörter jeweils in die Lücke!	Diese Spalten füllt dein Lehrer aus:		
	Stufe 1	Stufe 2	Stufe 3
1. Mit dem Physiknobelpreis wurden 2009 zwei _____ ausgezeichnet, die aus dem _____ gar nicht mehr wegzudenken sind.			
2. Neben der Glasfasertechnik wurde auch die _____ optische Erfindung _____ , die heute jeder Besitzer einer _____ mit sich herumträgt: den lichtempfindlichen CCD-Chip.			
3. Dieser Chip revolutionierte die _____ und ermöglichte Forschern aller Disziplinen fundamental neue Arbeitsweisen und _____ , weil er das auf seine empfindliche Oberfläche _____ Licht in ein elektrisches Muster umsetzt.			
4. Der Fotochip nutzt den _____ _____ Effekt, für den schon Albert Einstein 1921 den Physiknobelpreis erhielt.			
5. Fällt Licht auf einen leitenden Körper oder einen _____ , können _____ geladene Teilchen, die _____ , freigesetzt werden.			
6. Die Stärke des einfallenden Lichts bestimmt die Stärke des Signals und die _____ des erzeugten Bildpunkts auf der mit lichtempfindlichen Zellen _____ Chip – _____ .			
7. Am Ende wird ein elektrisches Muster mit vielen Bildpunkten _____ , das auf dem _____ zu lesen ist.			
8. Die _____ der Chip-Oberfläche bestimmt die Leistungsfähigkeit: _____ sie früher nur einige hundert solcher Zellen hatte, verfügen die modernen Chips über viele _____ Bildpunkte.			
9. Heute reicht der Einsatz dieser Chips vom _____ bis zur _____ , und sie helfen der Forschung, das bislang _____ sichtbar zu machen.			

© dpa

27

Diktierzeit: ca. 15 min

AUSWERTUNGSANLEITUNG LERNFORTSCHRITTSERMITTLUNG

Strategieorientierte Fehlerzuordnung (Details siehe: Auswertung Lernstandsermittlung):					
Stufe 1	Stufe 2				Stufe 3
Schwingen	Verlängern	Ableiten	Merken	Zerlegen	Groß-/Klein-schreibung
Fehler an anderen Stellen als den unterstrichenen sollten in der Regel Stufe 1 zugeordnet werden. Treten in einem Wort Fehler unterschiedlicher Stufen auf, sollten sie in beiden Spalten gezählt werden.			Stufe 1	Stufe 2	Stufe 3
1. Mit dem Physiknobelpreis wurden 2009 zwei **Er-findungen** ausgezeichnet, die aus dem **Informati-onszeitalter** gar nicht mehr wegzudenken sind.			Informationszeit-alter		Erfindungen Informationszeit-alter
2. Neben der Glasfasertechnik wurde auch die **bahnbrechende** optische Erfindung **prämiert,** die heute jeder Besitzer einer **Digitalkamera** mit sich herumträgt: den lichtempfindlichen CCD-Chip.			bahnbrechende Digitalkamera	bahnbrechende prämiert Digitalkamera	bahnbrechende Digitalkamera
3. Dieser Chip revolutionierte die **Fotografie** und ermöglichte Forschern aller Disziplinen fundamental neue Arbeitsweisen und **Erkenntnisse,** weil er das auf seine empfindliche Oberfläche **projizierte** Licht in ein elektrisches Muster umsetzt.			Erkenntnisse projizierte	Fotografie Erkenntnisse projizierte	Fotografie Erkenntnisse
4. Der Fotochip nutzt den **sogenannten fotoelek-trischen** Effekt, für den schon Albert Einstein 1921 den Physiknobelpreis erhielt.			fotoelektrischen	sogenannten fotoelektrischen	sogenannten fotoelektrischen
5. Fällt Licht auf einen leitenden Körper oder einen **Halbleiter,** können **negativ** geladene Teilchen, die **Elektronen,** freigesetzt werden.			Elektronen	Halbleiter negativ	Halbleiter Elektronen
6. Die Stärke des einfallenden Lichts bestimmt die Stärke des Signals und die **Helligkeit** des erzeugten Bildpunkts auf der mit lichtempfindlichen Zellen **ausgestatteten** Chip-**Oberfläche.**			Helligkeit ausgestatteten	Helligkeit Oberfläche	Helligkeit Oberfläche
7. Am Ende wird ein elektrisches Muster mit vielen Bildpunkten **erzeugt,** das auf dem **Monitor** zu lesen ist.			erzeugt Monitor	erzeugt	Monitor
8. Die **Lichtempfindlichkeit** der Chip-Oberfläche bestimmt die Leistungsfähigkeit: **Während** sie früher nur einige hundert solcher Zellen hatte, verfügen die modernen Chips über viele **Millionen** Bildpunkte.			Lichtempfindlich-keit Millionen	Lichtempfindlich-keit Während	Lichtempfindlich-keit Während Millionen
9. Heute reicht der Einsatz dieser Chips vom **Welt-raumteleskop** bis zur **Erbgutanalyse,** und sie helfen der Forschung, das bislang **Unsichtbare** sichtbar zu machen.			Weltraumteleskop Erbgutanalyse Unsichtbare	Weltraumteleskop Erbgutanalyse	Weltraumteleskop Erbgutanalyse Unsichtbare
Falsch geschriebene Wörter:			(von 16)	(von 17)	(von 19)
Bei Fehlern in diesem Bereich empfiehlt sich eine Wdhlg. im			Übungsbereich 1	Übungsbereich 2	Übungsbereich 3

© dpa

Name: _____ Klasse: _____ Datum: _____

Lies den folgenden Text gründlich durch und beantworte dann die Fragen auf den darauffolgenden drei Seiten. Du darfst dabei natürlich nochmals in den Text schauen.

Katja Haug: Geschlechtsbewusst zur Leselust *Jungen erlangen Lesekompetenz anders als Mädchen*

[...] Jahrzehntelang appellierten Expertinnen und Experten aus verschiedenen Richtungen, dass Mädchen hinsichtlich ihrer naturwissenschaftlichen Fähigkeiten und Ausrichtungen gefördert werden müssten. Spä-
5 testens nach PISA sind nun die Jungs dran: 80 Prozent der Schüler mit Lese- und Rechtschreibschwäche sind männliche Jugendliche. Geschlechterdifferente Förderung, die auch Jungen mit ihren spezifischen Schwächen berücksichtigt, ist in aller Munde. Aber
10 was will der Begriff „Lesekompetenz" eigentlich ausdrücken? Im Sinne der PISA-Studie ist Lesekompetenz mehr als einfach nur lesen können. Dort wird darunter die Fähigkeit verstanden, Texte unterschiedlicher Art in ihren Aussagen, Absichten und ihrer formalen
15 Struktur zu verstehen, sie in einen größeren Zusammenhang einordnen und sachgerecht nutzen zu können. Somit ist Lesekompetenz eine Voraussetzung für die Mitwirkung am gesellschaftlichen Leben. Lesen und vor allem das Lesen von Büchern ist und war im-
20 mer schon Frauensache. Und die PISA-Studie hat belegt, was Unterrichtende im Schulalltag jeden Tag erfahren: Sprach-, Lese-, und Schreibkompetenz sind bei Mädchen und Jungen sehr unterschiedlich ausgeprägt. So ist der Vergleichsstudie zu entnehmen: „Die
25 größten und konsistentesten Geschlechterunterschiede sind im Bereich Lesen zu beobachten. In allen PISA-Teilnehmerstaaten erreichen Mädchen hier signifikant höhere Testwerte als die Jungen. In Mathematik lassen sich Leistungsvorteile für die Jungen feststel-
30 len, diese sind jedoch deutlich kleiner." Forschungsergebnisse weisen darauf hin, dass der Leistungsvorsprung der Mädchen im Lesen zumindest teilweise auf ihr Interesse und ihre Freude am Lesen zurückzuführen ist. Woher aber kommt der Unterschied zwischen
35 Mädchen und Jungen? In Kindergarten und Schule treffen die Kinder überwiegend auf Frauen. Möglicherweise kommt die Auswahl des Lesestoffs daher mehr dem Geschmack von Mädchen entgegen als dem von Jungen. Nicht zu unterschätzen ist auch die Wirkung
40 des – in Kindergärten und Grundschulen weiblichen – Rollenmodells. Einige Experten sprechen sogar von einer Feminisierung des Lernens. „Dem lernenden Jungen kann es sehr wohl so erscheinen, dass Lesen und Schreiben überwältigend weiblich seien", sagte die
45 britische Forscherin Elaine Millard in „Differently Literate". Gerade weil Jungen oft (noch) denken „Bücher sind etwas für Mädchen", möchten sie sich – wie von anderem Mädchenhaften – im Laufe ihrer Sozialisation abgrenzen. Wenn Jungen und Männer lesen, dann
50 scheinen sie eher an Fach- und Sachliteratur interessiert zu sein. Mädchen und Frauen hingegen, nach wie vor das als beziehungsorientiert geltende Geschlecht, greifen eher zum Roman. Dabei bewirkt der unterschiedliche Lesestoff auch ein anderes Leseverhalten.
55 Das an Entwicklungen und Geschichten interessierte Lesen ist eher kontinuierlich und an gesamten Texten orientiert, das an Informationen orientierte Lesen ist eher selektiv und punktuell. Die Ergebnisse der PISA–Studie zeigen:

60 • Im Lesen ist der Leistungsvorsprung der Mädchen bei kontinuierlichen Texten (z. B. Erzählungen, Argumentationen und Darlegungen) besonders ausgeprägt.

• Bei nichtkontinuierlichen Texten (z. B. Formularen,
65 Anzeigen, Tabellen und Graphiken) sind sehr viel geringere Geschlechterunterschiede festzustellen. [...]

Mädchen und Jungen [leben] nun einmal in unterschiedlichen Medienumgebungen: Während Mädchen
70 mehr Bücher besitzen, verfügen Jungen über deutlich mehr Neue Medien. „Beim Fernsehen zeigen sich die Geschlechterdifferenzen weniger im Zeitaufwand, sondern vielmehr in den Sendungsvorlieben – Sport bei den männlichen, Vorabendserien und Soaps bei den
75 weiblichen Jugendlichen", sagt Dr. Margit Böck als Mitarbeiterin am Institut für Publizistik- und Kommunikationswissenschaft der Universität Wien. Allgemein stehen Mädchen den schriftlich dominierten Medien näher und männliche Jugendliche den visuell domi-
80 nierten Bildschirmmedien, wobei auch hier der Faktor „Medientechnik" eine wesentliche Rolle spielt. Als unverzichtbares Medium nimmt der Computer bei männlichen Jugendlichen im Jahr 2002 vor dem Fernseher den ersten Platz ein. Die unterschiedlichen Vorlieben
85 von Mädchen und Jungen für die Kommunikationsmodi Schrift und Bild sind ein bislang vernachlässigtes Gebiet in der geschlechtsbewussten Förderung der Lesekompetenz.

(08.03.2005) Diesen Artikel veröffentlichen wir mit freundlicher Genehmigung von "Bildung + Innovation", dem Online Magazin des Innovationsportals. Erstveröffentlichungsdatum:14.10.2004. http://www.bildungsserver.de/innovationsportal/bildungplus.html?artid=355

LESEN

Aufgaben

1. Prüfe, ob folgende Aussagen zutreffen.
Gib Belegstellen an.

Achtung: Du wirst in diesem Test nicht alle Aufgaben lösen können, denn es geht darum, herauszufinden, was du schon kannst und was nicht!

	Trifft zu	Trifft nicht zu	Zeilen Nr.
a) Mädchen sind der PISA-Studie zufolge im Lesen und in Mathematik besser als Jungen.	❑	❑	
b) Unter den Schülerinnen und Schülern mit Lese- und Rechtschreibschwäche sind mehr als die Hälfte Jungen.	❑	❑	
c) Vorabendserien sind bei Mädchen beliebter als bei Jungen.	❑	❑	
d) Die Leistungsunterschiede zwischen Jungen und Mädchen sind im Lesen größer als in Mathematik.	❑	❑	
e) Für Jungen sind der Fernseher und der Computer gleich wichtige Medien.	❑	❑	
f) Das Verstehen von Grafiken gilt im Sinne der PISA-Studie nicht als Lesekompetenz.	❑	❑	

2. Mit welcher Legende könnten die Diagramme zum Text passen? Kreuze an.

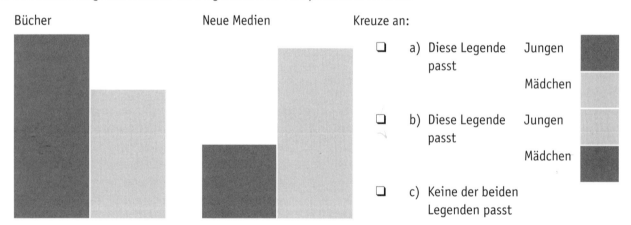

3. Kreuze an:

a) Jungen haben laut Text eher Vorlieben für
- ❑ **a 1)** Romane.
- ❑ **a 2)** Sachbücher.
- ❑ **a 3)** Texte, die Entwicklungen zeigen.
- ❑ **a 4)** Geschichten.
- ❑ **a 5)** Vorabendsendungen.
- ❑ **a 6)** Sportsendungen.
- ❑ **a 7)** visuelle Medien.
- ❑ **a 8)** Argumentationstexte.
- ❑ **a 9)** schriftliche Medien.

b) Sie haben (auch daher) oft
- ❑ **b 1)** weniger Schwächen im Lesen von Tabellen oder Grafiken.
- ❑ **b 2)** Stärken im Verstehen argumentativer Texte.
- ❑ **b 3)** einen deutlich höheren Fernsehkonsum als Mädchen.
- ❑ **b 4)** ein besonderes Interesse an Romanen, in denen es um Sport geht.

4. Mädchen haben oft ein größeres Interesse und mehr Freude am Lesen als Jungen. Welche möglichen Ursachen nennt der Text dafür? Kreuze alle richtigen Antworten an.

❏ **a)** Die Bücher, die in der Schule ausgewählt werden, sind oft eher etwas für Mädchen als für Jungen.

❏ **b)** Jungen ist Lesen zu zeitaufwändig.

❏ **c)** Für Jungen erscheint Lesen als etwas Weibliches, daher grenzen sie sich davon ab.

❏ **d)** Jungen treiben lieber Sport als zu lesen.

5. Der Text spricht davon, dass Freude am Lesen wichtig ist. Welche der folgenden Gründe führt der Text dafür an? Kreuze an.

❏ **a)** Lesen kann den Computer ersetzen.

❏ **b)** Die Lesekompetenz hängt zum Teil auch von der Freude am Lesen ab.

❏ **c)** Lesefreude stärkt die Konzentration im Unterricht.

❏ **d)** Wer Freude am Lesen hat, verhält sich sozialer.

6. In den Zeilen 11-12 heißt es: „Im Sinne der PISA-Studie ist Lesekompetenz mehr als einfach nur lesen können." Welche Funktion hat dieser Satz im Text? Kreuze an.

❏ **a)** Der Satz leitet zu einer Definition der Lesekompetenz über.

❏ **b)** Der Satz kritisiert den Lesekompetenz-Begriff der PISA-Studie.

❏ **c)** Der Satz dient zur Auflockerung des Textbeginns.

❏ **d)** Der Satz weist auf die späteren Textteile hin, in denen Lesen von Büchern als Frauensache beschrieben wird.

7. Die Lesekompetenz der Jungen zu fördern, beschreibt der Text als wichtig. Welche Gründe für die Wichtigkeit werden genannt? Kreuze an.

❏ **a)** Für Jungen ist Lesekompetenz wichtiger als für Mädchen.

❏ **b)** Lesekompetenz ist wichtig, um am gesellschaftlichen Leben teilzuhaben.

❏ **c)** Jungen sollten sich im Laufe ihrer Entwicklung nicht von Mädchenhaftem abgrenzen.

❏ **d)** In der Lesekompetenz sind Jungen schwächer als Mädchen.

8. Im Folgenden ist ein Zusammenhang grafisch dargestellt. Umkreise die Teile dieser Grafik, die nicht direkt im Text angesprochen sind.

In den Kindergärten und Grundschulen arbeiten überwiegend Frauen.	→	Lesen erscheint für die Kinder als etwas Weibliches.
↑		↓
Frauen werden deshalb häufiger Lehrerin.	←	Mädchen lesen lieber als Jungen.

9. In einer Diskussion wird beraten, was man machen kann, damit Jungen mehr lesen. Welche der folgenden Vorschläge lassen sich begründet aus dem Text ableiten?

❏ **a)** Bücher sollten billiger werden.

❏ **b)** In der Schule sollten keine Romane gelesen werden.

❏ **c)** Väter von Söhnen sollten zu Hause lesen und ihren Söhnen erzählen, was sie am Lesen begeistert.

❏ **d)** In der Grundschule sollte neben Romanen auch Sachliteratur in den Unterricht einbezogen werden.

❏ **e)** In der Schule sollten Romane gelesen werden, in denen viel argumentiert wird.

❏ **f)** Lehrerinnen sollten Jungen davon abraten, Sportsendungen zu schauen.

10. Welche der folgenden Forderungen können begründet aus dem Text hergeleitet werden?

a) In Grundschulen sollte es mehr Bücher zum Ausleihen geben.

Dies lässt sich aus dem Text ableiten.	
Dies lässt sich nicht aus dem Text ableiten.	

Begründung deiner Antwort: _____

_____

_____

b) In Grundschulen sollten mehr Männer unterrichten.

Dies lässt sich aus dem Text ableiten.	
Dies lässt sich nicht aus dem Text ableiten.	

Begründung deiner Antwort: _____

_____

_____

c) In Grundschulen sollten Jungen Bücher digital am Computer lesen dürfen.

Dies lässt sich aus dem Text ableiten.	
Dies lässt sich nicht aus dem Text ableiten.	

Begründung deiner Antwort: _____

_____

_____

LESEN

LÖSUNGEN, FEHLERANALYSE UND FÖRDEREMPFEHLUNG

Bitte beachten Sie auch die allgemeinen Hinweise am Anfang dieses Themenheftes!

Vorbemerkungen: Die je nach Kompetenzprofil vorgeschlagenen Übungen (siehe Spalte „Förderempfehlung") zielen auf den Erwerb derjenigen Kompetenzen, die im Test nicht zuverlässig gezeigt wurden. Sie sind als Beispielaufgaben zu verstehen, nicht als vollständiges Förderprogramm.

Aufgabe	Lösung	Analyse häufig auftretender Fehler	Förderempfehlung
1. a)	trifft nicht zu (Z. 28-30)	Mehrere Fehler im Bereich der Fragen 1-3 weisen darauf hin, dass es dem/der Jugendlichen schwerfällt, Textinformationen zu lokalisieren, ggf. zu entschlüsseln und gegenüberzustellen.	Bei mehreren Fehlern in den Fragen 1-3 empfiehlt sich **Übungsbereich 1** (ab S. 42). Dort geht es darum, die Lokalisierung und Gegenüberstellung von Textinformationen zu üben. Als Ergänzung bietet sich Zusatzmaterial 1 an. Beginnen sollte der Schüler mit dem Strategiefragebogen (S. 34) und dem Strategietraining (ab S. 35).
1. b)	trifft zu (Z. 5-7)		
1. c)	trifft zu (Z. 74-75)		
1. d)	trifft zu (Z. 26-30)		
1. e)	trifft nicht zu (Z. 81-84)		
1. f)	trifft nicht zu (Z. 55-66)		
2.	b)		
3. a)	a 2) a 6) a 7)		
3. b)	b 1)		
4.	a), c)	Werden die Fragen 1-3 recht sicher gelöst, aber im Bereich der Fragen 4-8 treten mehrere Fehler auf, so spricht dies dafür, dass der/die Jugendliche zwar Informationen lokalisieren und gegenüberstellen kann, es ihm/ihr aber schwerfällt, einem Text Kausalitäten zu entnehmen oder die Funktion von Textteilen zu erkennen.	Bei mehreren Fehlern in den Fragen 4-8 empfiehlt sich **Übungsbereich 2** (ab S. 45). Dort geht es darum, Kausalitäten in Texten und die Funktion von Textteilen zu erfassen. Als Ergänzung bietet sich Zusatzmaterial 2 an. Gibt es sowohl in den Fragen 1-3 als auch in den Fragen 4-8 mehrere Fehler, so sollte mit Übungsbereich 1 angefangen werden, der die fundamentalere Fähigkeit einübt. Beginnen sollte der Schüler mit dem Strategiefragebogen (S. 34) und dem Strategietraining (ab S. 35).
5.	b)		
6.	a)		
7.	b), d)		
8.	Der linke untere Teil („Frauen werden deshalb häufiger Lehrerin") sollte umkreist sein.		
9.	c), d)	Werden die Fragen 1-8 recht sicher gelöst, aber im Bereich der Fragen 9-10 zeigen sich Fehler, so spricht dies dafür, dass der/die Jugendliche zwar Textinformationen lokalisieren und in ihrer Kausalität und Funktion verstehen kann, aber nur bedingt Schlussfolgerungen daraus ziehen kann.	Bei Fehlern vor allem in den Fragen 9-10 empfiehlt sich **Übungsbereich 3** (ab S. 48). Dort geht es darum, Schlussfolgerungen aus Texten zu ziehen. Als Ergänzung bietet sich Zusatzmaterial 3 an. Beginnen sollte der Schüler mit dem Strategiefragebogen (S. 34) und dem Strategietraining (ab S. 35).
10. a)	Lässt sich nicht aus dem Text ableiten. Begründung: Von einem Mangel an Angebot ist im Text keine Rede.		
10. b)	Lässt sich aus dem Text ableiten. Begründung: Männer könnten als Lesevorbilder wirken und Lektüren vorschlagen, die Jungen eher ansprechen.		
10. c)	Lässt sich nicht aus dem Text ableiten. Begründung: Auch ein digitaler Text bleibt zunächst ein Schriftmedium.		

Hinweis: Sollte ein Schüler oder eine Schülerin alle Fragen richtig beantworten, so ist seine/ihre Lesekompetenz schon so weit ausgebildet, dass sich eine Förderung auf das Strategietraining (ab S. 34) konzentrieren kann. In einem Austausch über die Ergebnisse dieses Trainings lassen sich auch schon beherrschte Strategien, die möglicherweise nur intuitiv bewusst sind, nunmehr verbalisieren und so vertiefen.

 **LESEN**

Welche Strategien wendest du beim Lesen an?

1. Welche deiner besonderen Stärken helfen dir dabei, Texte gut zu verstehen?

_____

_____

_____

2. Welche Arbeitsschritte nimmst du vor, bevor du einen Text genau liest?

_____

_____

_____

3. Wie gestaltest du den ersten Durchgang deiner Textlektüre?

_____

_____

_____

4. Was tust du, wenn du etwas nicht verstehst?

_____

_____

_____

5. Wie gestaltest du den zweiten Durchgang deiner Textlektüre?

_____

_____

_____

6. Was machst du, wenn du den Text genau gelesen hast?

_____

_____

_____

7. Welche Strategie, nach der vielleicht noch nicht gefragt wurde, ist dir beim Lesen noch besonders wichtig?

_____

_____

_____

Tausche dich mit deinem Partner über die Antworten aus!
Ergänze gegebenenfalls deinen Bogen.

LESEN

Strategietraining

In diesem Trainingsbaustein sollst du Methoden zum Umgang mit Sachtexten kennenlernen. Mit den Arbeitsblättern auf S. 36-41 sollst du wie folgt arbeiten:

1. Schritt: Die 2 + 3 + 1 – Lesemethode kennenlernen und ausprobieren
   a) Bearbeite das **Arbeitsblatt 1** (S. 36): „Sachtexte lesen und verstehen: 2 + 3 + 1-Lesemethode"
   b) Auf den Seiten 39 bis 41 sind drei Texte abgedruckt:
   - Text 1: „Hotel Mama" wird beliebter
   - Text 2: Psychoterror im Netz
   - Text 3: Konfusion im Kopf. Was passiert mit Kindern während der Pubertät?

   Wähle hiervon einen Text aus, der dich besonders interessiert.
   Bearbeite den Text mit der 2 + 3 + 1-Lesemethode.
   c) Reflektiere dein Vorgehen.

Für die 2 + 3 + 1-Lesemethode gewählter	Text:
Diese Schritte waren wichtig:	**Begründung:**
Diese Schritte waren überflüssig:	**Begründung:**

2. Schritt: Visualisierungstechniken kennenlernen und mindestens eine ausprobieren
   a) Oft ist es hilfreich, eine Grafik zu einem Text zu erstellen. Lerne solche Grafiken (= Visualisierungen) kennen, indem du **Arbeitsblatt 2** bearbeitest („Visualisierungsmöglichkeiten zu Texten").
   b) Wähle von den Texten auf den Seiten 39 bis 41 einen weiteren Text aus, der dich interessiert. Wähle für den Text eine Visualisierungsmöglichkeit aus und erstelle das entsprechende Diagramm zu dem Text im Heft oder auf einem Blatt.
   c) Reflektiere dein Vorgehen.

Für die Visualisierung gewählter	Text:
Ich habe folgende Visualisierungsform gewählt:	
Diese Form schien mir besonders geeignet, weil ...	
So beurteile ich die Visualisierung im Nachhinein:	

© Cornelsen Verlag Scriptor, Berlin • Diagnostizieren & Fördern • Deutsch • 9/10

 **LESEN**

Sachtexte lesen und verstehen: 2 + 3 + 1-Lesemethode

1. Ordne die Schritte aus der rechten Spalte in die linke Spalte ein! (Lösung auf S. 63)
2. Notiere anschließend die Schritte der 2 + 3 + 1-Lesemethode auf eine kleine Karteikarte, die in deiner Federmappe Platz hat.

Vor dem genauen Lesen:	?-Stellen klären
1. Schritt:	Versuche – ohne jemanden zu fragen – die ?-Stellen zu klären: **a)** Achte auf den Zusammenhang: Kann man daraus den Sinn erschließen? **b)** Wenn a) nicht funktioniert: Schlage nach! **c)** Wenn alles nicht hilft: Versuche den Text ohne die ?-Stellen zu verstehen!
2. Schritt:	**Stichworte zu zentralen Stellen machen** **a)** Lies insbesondere die markierten Stellen noch einmal und notiere (weitere) Stichworte am Rand. (Achte auf Zwischenüberschriften im Text – als Hilfe) **b)** Prüfe, ob anhand der Stichworte die Textlogik deutlich wird (Makrostruktur des Gesamttextes, Mikrostruktur wichtiger Textteile). Nutze ansonsten weitere Stellen!
Während des Lesens:	Leseziel festlegen
3. Schritt:	Sachtexte liest man meist nicht einfach so, sondern weil man ein bestimmtes Interesse hat. Kläre für dich deine Lesemotive, notiere ggf. konkrete Fragen an den Text (in der Schule z. B. auch, welche Aufgaben anschließend zu dem Text zu bewältigen sind).
4. Schritt:	**Überschriften nutzen/Überfliegen** Lies die Überschrift und überfliege den Text, um dir klarzumachen: **a)** Worum geht es vermutlich? **b)** Was weiß ich schon über dieses Thema?
5. Schritt:	**Zusammenfassen und Verwerten** **a)** Stelle aufgrund der Randnotizen zusammen: Auf welche Fragen antwortet der Text? Wie lautet die Antwort? **b)** Was hast du Neues erfahren? Wo stimmst du dem Text zu, wo nicht? **c)** Schaue auf dein Leseziel: Sind die für dich wesentlichen Dinge durch die Lektüre geklärt?
Nach dem Lesen:	Genaues Lesen mit Bleistift
6. Schritt:	Lies den Text genau und markiere mit Bleistift Wesentliches (siehe Leseziel!). Nutze Markierungszeichen und fertige Randnotizen an! Lass dir mindestens einmal zu deiner Markierung eines Textes eine Rückmeldung von einem erfahrenen Leser geben!

Mögliche Markierungszeichen		Oft hilfreiche Randnotizen
	Zentrale Stellen unterstreichen (sparsam: weniger als 20 % markieren)	Notiere am Rand, wenn **typische Textbestandteile** auftauchen, z. B.:
↧ ↥	Beginn/Ende eines Sinnabschnitts	Behauptung (Notiz: *Behauptung von ...: ...*)
~~	Unterschlängeln auffälliger Stellen (z. B. die zum Widerspruch reizen)	Feststellung (Notiz: *Feststellung: ...*)
?	Unklare Stelle: Klärung nötig	These (Notiz: *These von ...: ...*)
!	Ich stimme zu.	Ursache (Notiz: *Ursache für XY: ...*)
⇨ Z.	Querverweis auf andere Stelle (oder Titel)	Folge (Notiz: *Folge: ...*)
⬭	Schlüsselwörter im Text umkreisen	Forderung (Notiz: *XY fordert ...*)
▭	Kasten um Gliederungssignale (wie rhetorische Fragen, die dann beantwortet werden) oder Strukturwörter, die den Gedankengang verdeutlichen (wie Konjunktionen, Abverbien: weil, trotzdem, daher ...).	Begründung (Notiz: *Argument: ...*)
		Faktum (Notiz z. B.: *15 % mehr ...*)
		Beispiel (Notiz z. B.: *Beispiel: Der 15-jährige Z*)
		Autoritätszitat (Notiz: *Beleg durch Zitat von XY*)
		Konsequenz (Notiz: *Konsequenz daraus: ...*)
		Begriffsdefinition (Notiz: *Def. von XY*)
		Problemgeschichte (Notiz: *Historie*)

 **LESEN**

Visualisierungsmöglichkeiten zu Texten

Unten und auf der nächsten Seite findest du fünf Diagrammformen, die sich eignen, um Texte zu visualisieren. Welche Visualisierungsmöglichkeiten eigenen sich in besonderer Weise für die einzelnen Aufbautypen? Kreuze jeweils an. (Lösung auf S. 63)

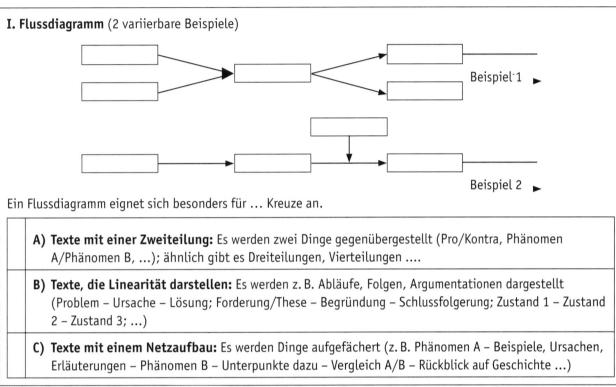

I. Flussdiagramm (2 variierbare Beispiele)

Beispiel·1 ▶

Beispiel 2 ▶

Ein Flussdiagramm eignet sich besonders für … Kreuze an.

A)	**Texte mit einer Zweiteilung:** Es werden zwei Dinge gegenübergestellt (Pro/Kontra, Phänomen A/Phänomen B, …); ähnlich gibt es Dreiteilungen, Vierteilungen ….
B)	**Texte, die Linearität darstellen:** Es werden z. B. Abläufe, Folgen, Argumentationen dargestellt (Problem – Ursache – Lösung; Forderung/These – Begründung – Schlussfolgerung; Zustand 1 – Zustand 2 – Zustand 3; …)
C)	**Texte mit einem Netzaufbau:** Es werden Dinge aufgefächert (z. B. Phänomen A – Beispiele, Ursachen, Erläuterungen – Phänomen B – Unterpunkte dazu – Vergleich A/B – Rückblick auf Geschichte …)

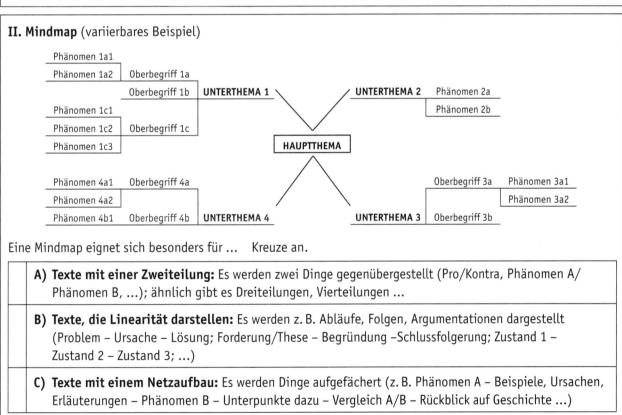

II. Mindmap (variierbares Beispiel)

Eine Mindmap eignet sich besonders für … Kreuze an.

A)	**Texte mit einer Zweiteilung:** Es werden zwei Dinge gegenübergestellt (Pro/Kontra, Phänomen A/ Phänomen B, …); ähnlich gibt es Dreiteilungen, Vierteilungen …
B)	**Texte, die Linearität darstellen:** Es werden z. B. Abläufe, Folgen, Argumentationen dargestellt (Problem – Ursache – Lösung; Forderung/These – Begründung –Schlussfolgerung; Zustand 1 – Zustand 2 – Zustand 3; …)
C)	**Texte mit einem Netzaufbau:** Es werden Dinge aufgefächert (z. B. Phänomen A – Beispiele, Ursachen, Erläuterungen – Phänomen B – Unterpunkte dazu – Vergleich A/B – Rückblick auf Geschichte …)

(Vgl. zu diesen und anderen Visualisierungsformen: Ludger Brüning/Tobias Saum: Erfolgreich unterrichten durch Visualisieren. Essen 2007.)

 **LESEN**

III. **Gegenüberstellungstabelle**
(variierbares Beispiel)

Phänomen A (Positiv; Pro ...)	Phänomen B (Negativ; Kontra ...)
Interessante Aspekte, die nicht in die Spalten einsortiert werden können.	

Eine Gegenüberstellungstabelle eignet sich besonders für ... Kreuze an.

	A) Texte mit einer Zweiteilung
	B) Texte, die Linearität darstellen
	C) Texte mit einem Netzaufbau

IV. **Strukturdiagramm** (variierbares Beispiel)

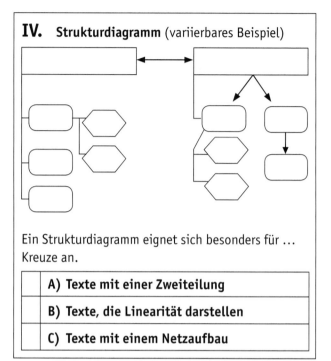

Ein Strukturdiagramm eignet sich besonders für ... Kreuze an.

	A) Texte mit einer Zweiteilung
	B) Texte, die Linearität darstellen
	C) Texte mit einem Netzaufbau

V. **Vergleichsdiagramm**

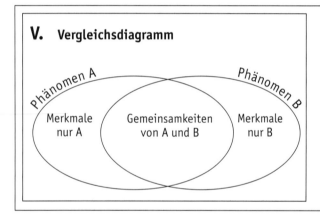

Ein Vergleichsdiagramm eignet sich besonders für ... Kreuze an.

	A) Texte mit einer Zweiteilung
	B) Texte, die Linearität darstellen
	C) Texte mit einem Netzaufbau

Rechts ist ein **Textdiagramm** abgebildet.

a) Um welche Diagrammform (Visualisierungsform) handelt es sich? _____

b) Erläutere.

b 1) Es werden Pfeile genutzt, wenn _____

_____.

b 2) Es werden Verzweigungen genutzt, wenn _____

_____.

b 3) Die Kästchen haben unterschiedliche Formen,

weil _____.

b 4) Fett sind Worte geschrieben, die _____

_____.

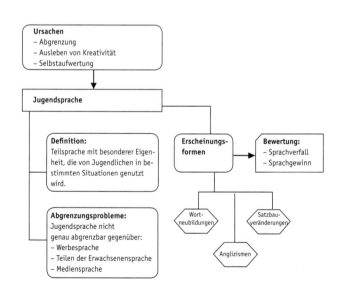

Text 1 Julia Mohr: „Hotel Mama" wird beliebter (© ZEIT ONLINE 2009)

In Deutschland und Großbritannien bleiben junge Leute länger zu Hause wohnen. Bekommen wir in Zeiten der Krise lauter Nesthocker wie die Italiener?

In den letzten 37 Jahren ist laut Statistischem Bundes-amt die Zahl der 25-jährigen Daheimwohnenden von 20 Prozent auf 29 Prozent gestiegen. Im Vereinten Kö-nigreich ist seit 2001 die Zahl der Nesthocker im Alter
5 von 20 bis 34 Jahren um 300.000 angestiegen, so das Büro für Nationale Statistiken.
Anfang der 1990er Jahre verfasste die Psychologin Christiane Papastefanou zu diesem Thema eine Studie. Damals blieb ein Teil der Jugendlichen in Deutschland
10 aus pragmatischen Gründen zu Hause. „Weil sie sich mit den Eltern gut verstanden haben, haben sie ihr Geld lieber für Konsum und Freizeit genutzt als für die Selbstständigkeit. Rebellion wie in den 70er-Jahren war nicht mehr notwendig. Das denke ich, stimmt heu-
15 te nicht mehr." Das Geld reicht nicht zum Ausziehen. Und die Eltern akzeptieren die Situation, weil sie wis-sen, dass es die Kinder schwer haben.
Für die Zukunft rechnet Papastefanou deshalb mit ei-nem weiteren Anstieg der Nesthockerzahl. Aber Nestho-
20 cker bedeute nicht immer Unselbstständigkeit. „Es gibt junge Leute, die zu Hause wohnen und alles alleine ma-chen", sagt Christiane Papastefanou, „und es gibt wel-che, die ausgezogen sind, und die Mutter putzt die Wohnung."
25 Trotzdem scheinen die Nesthocker besonders zu sein. „Wir haben festgestellt, dass viele Nesthocker in der gesamten Entwicklung verzögert sind. Das fängt bereits im Jugendalter an, man spricht von Adoleszenzverspä-tungen", erklärt die Psychologin. Merkmale dafür seien
30 ein verspäteter erster sexueller Kontakt, spätere Selbst-ständigkeit und ein tendenziell jüngerer Freundeskreis. „Der Spätauszug ist der Endpunkt einer verzögerten Ablösung. Die setzt sich dann weiter fort. Diese jungen Menschen ziehen zumeist erst dann aus, wenn sie
35 schon einen Partner haben", sagt Papastefanou. „Im Grunde gehen sie von einer Familiensituation in die neue."
Aber auch wegen der langen Ausbildungszeiten verzö-gert sich die Familiengründung und damit der Auszug
40 aus dem Elternhaus. In Deutschland machen Jugendli-che laut Forschungsministerin Annette Schavan im Durchschnitt mit 19,7 Jahren ihr Abitur.

Danach folgen je nach Studienmodell mindestens drei Jahre Studium. Wer sein Staatsexamen machen will,
45 sei laut Schavan meist erst mit 28 oder 29 Jahren fertig.
Heute können es sich immer weniger Eltern leisten, den frühzeitigen Auszug zu finanzieren. [...]
Der Vergleich der Geschlechter zeigt, dass deutsche
50 Frauen durchschnittlich zwei Jahre früher das Eltern-haus verlassen als Männer. Nach Angaben des Statisti-schen Bundesamts lebten 2005 nur noch 42 Prozent der Frauen im Alter von 22 Jahren bei den Eltern. 24-jährige Männer lebten im Vergleich noch zu 46
55 Prozent zu Hause. Aber auch die Mädchen ziehen spä-ter aus als früher. „Heute sind es Frauen, die die gu-ten Abis machen und mehr Zeit in die Ausbildung in-vestieren", sagt Christiane Papastefanou. Sie hält die Männer nicht für unselbstständiger: „Sie haben es
60 auch nicht leichter zu Hause. Aber Männer haben die Zivildienst- oder Bundeswehrzeit, und das wird in sol-chen Daten nicht immer berücksichtigt." [...]
Die Soziologin Dr. Alessandra Rusconi verglich im Rahmen ihrer Doktorarbeit am Max-Planck-Institut für
65 Bildungsforschung die italienischen und deutschen Nesthocker der 1980er- und 1990er-Jahre. „Der große Unterschied zwischen den süd- und nordeuropäischen Ländern erklärt sich durch verschiedene institutionel-le Rahmenbedingungen der Länder. In Italien liegt die
70 Verantwortung für die jungen Erwachsenen komplett bei der Familie. Es gibt kein BAföG und kein Wohn-geld", sagt Alessandra Rusconi.
Neben den finanziellen Bedingungen ist auch der Fa-milienzusammenhalt ein anderer. „Man braucht einen
75 Grund, um auszuziehen", sagt Rusconi. Etwa die Grün-dung einer Familie oder die Karrierechance in einer anderen Stadt.
Gleichen sich langsam die Verhältnisse an? Christiane Papastefanou betont den Wandel des Familienbilds in
80 Deutschland. „In wirtschaftlich schweren Zeiten wächst die Bedeutung der Familie als Solidargemein-schaft", sagt Papastefanou. „Dann gelten andere Maßstäbe."

(http://www.zeit.de/online/2009/19/nesthocker?page=1)

LESEN

Text 2 Caroline Kieke: Psychoterror im Netz

Viele Kinder sind Internetprofis. Doch im Netz lauern auf sie auch Gefahren.

Ist das Internet denn wirklich so gefährlich? Ann-Sophie weiß, dass die Weiten des Netzes auch dunkle Seiten bereithalten. Die Elfjährige erzählt, wie sie zusammen mit ihrer Mutter auf Internetseiten mit
5 pornografischen Bildern gestoßen ist. „Meine Mutter hat versucht, das irgendwie zu unterdrücken und die Seiten zu sperren." Doch eine Kindersicherung für sexuelle oder gewaltverherrlichende Inhalte gibt es nicht. Deswegen hat der Lehrer Gordon Seiler seine Klasse 6a
10 der Freien Mittelschule Leipzig für den *Safer Internet Day* angemeldet. Statt Deutsch und Mathe zu büffeln, verbringen Ann-Sophie und ihre Mitschüler den Nachmittag in der Stadtbibliothek. Dort erwartet sie eine Rallye zu den Tücken und Fallen im Netz.
15 Der elfjährige Felix stürmt gleich zu Beginn zur Lernstation „Chatten". Die Medienpädagogin Wenke Rösler ist schnell umringt von Mädchen und Jungen. Gemeinsam stellen sie Chatregeln auf. Manche der Kinder haben bereits eigene Erfahrungen gesammelt – im mode-
20 rierten Kinderchat *seitenstark.de*. Wenke Rösler fragt, ob jemand schon einen *„Nickname"* hat. Denn Fantasienamen helfen, sich gegen ungebetene Datenschnüffler zu schützen. „Sonne. Strand. Meer!" ruft ein Junge in die Runde. „Optimal" urteilt die Teamleiterin und lacht.
25 Die Kinder sollten ihr Alter nicht verraten und möglichst auch nicht ihr Geschlecht; E-Mail-Adressen schon gar nicht. „Ich habe beobachtet, wie eine Schülerin auf dem Schulflur unbekümmert ihre Telefonnummer herausgegeben hat", sagt der Klassenlehrer und runzelt
30 die Stirn. „Gut möglich, dass sie das dann auch im Internet tut."
Jeder zweite Jugendliche, der chattet, wurde schon nach solchen persönlichen Daten gefragt. Mehr als zehn Prozent von ihnen telefonieren anschließend mit
35 einem völlig fremden Menschen. Oder sie treffen sich. Das zeigt die Jugendmedienstudie 2008 vom medienpädagogischen Forschungsverbund Südwest. Zahlen, die nachdenklich machen. Was kann den Chat-Spaß zu einer Gefahr machen? Die Tafel ist schon nach wenigen
40 Minuten bunt beschrieben mit den Ideen der jungen Internet-Nutzer: „Fremde, die anrufen", steht da, „Leute, die nerven" und „Mobbing".
Mobbing – um dieses Thema geht es ein paar Meter weiter bei Gruppenleiter Sebastian Schwabe. Auf sei-
45 nem T-Shirt klebt, etwas schief, ein Namenszettel. „Nennt mich Seba", sagt er in die Runde. Felix und Ann-Sophie sind auch darunter. Untersuchungen haben ergeben, dass jeder fünfte Schüler in Deutschland

schon einmal im Netz beleidigt, beschimpft oder ge-
50 demütigt wurde. Cyber-Mobbing steht deshalb heute im Zentrum des *Safer Internet Days*. Es geht dabei um absichtliche und anhaltende Beleidigungen im Internet und anderen Kommunikationsmitteln. „Also mit Schüler VZ, Studi VZ, ICQ, Mail oder per Handy", erläu-
55 tert der Trainer, „es reicht nicht, wenn man jemandem gegenübersteht und sagt, ich find dich blöd." Manchmal ist auch von Cyber-Bullying die Rede. Ein „Bully" ist derjenige, der jemanden mobbt. Sebastian Schwabe sagt aber, dass Cyber-Bullying den Blick zu sehr auf
60 den Täter lenkt. Auch verbale Gewalt sollte immer von der Opfer-Seite betrachtet werden.
An einem Tisch mit einem großen Bogen Papier stecken zwei Mädchen die Köpfe zusammen. Sie überlegen laut, was an Mobben überhaupt Spaß machen
65 könnte. „Das Komische ist, manchmal sieht man jemanden und denkt sofort, der ist dumm, der ist hässlich. Und dann geht man auch zu dem hin und sagt, du blöde Sau, obwohl man den nur kurz gesehen hat." Entwaffnende Ehrlichkeit. Es ist nicht neu, dass Schü-
70 ler von Klassenkameraden bloßgestellt werden. Doch während sich der Psychoterror früher auf den Pausenhof beschränkte, gelangt er heute durchs Internet ins Kinderzimmer.
Was ist zu tun, wenn in Netzwerken wie Schüler VZ
75 beleidigt und beschimpft wird? Felix ist zum nächsten Tisch gezogen und findet schnell eine Antwort. „Vielleicht kann man ja auch die Polizei alarmieren!" Der Internettrainer Sebastian Schwabe rät, sich an den Betreiber der Seite zu wenden und unliebsame Gefähr-
80 ten in Foren, Plattformen und Chats sperren zu lassen. Nach und nach finden sich die Schüler zur letzten Station ein: den Surfinseln. Felix hat keine Lust mehr. Er hat genug gelernt – ihm ist anzusehen, dass er jetzt viel lieber seine Spiele-Seiten im Netz besuchen
85 würde. Ann-Sophie und ihre Freundin sind noch mit Eifer dabei. Sie wollen unbedingt das Internet-Quiz lösen und beantworten konzentriert die Fragen zu Suchmaschinen, Verhalten im Chatraum und Cyber-Mobbing. Erfolg haben sie schließlich alle: Jeder
90 Schüler erhält zum Abschluss den Surf-Pass.

© Caroline Kieke
(http: // www.zeit.de/online/2009/07/safer-internet-day ?page = all,
10. 02. 2009)

Text 3   Luise Wagner-Roos, Oliver Unbehen:
Konfusion im Kopf. Was passiert mit Kindern während der Pubertät?

Wissenschaftler sind dem Phänomen auf der Spur, das
das Leben von Teenagern und ihrer Eltern so radikal auf
den Kopf stellt: der Pubertät. Wie sind die teilweise ab-
sonderlichen Verhaltensweisen von Jugendlichen zu
5 bewerten? Sind sie nur Launen der Hormone, wie man
bislang glaubte? Was passiert in diesem Lebensab-
schnitt im Gehirn, und wie lange dauern diese
Prozesse?
Forscher am Aachener Klinikum haben hunderte von
10 Teenagern bereits für ein wissenschaftliches Experi-
ment gewinnen können und in einen Hochleis-
tungsscanner gelegt. Die Kernspintomographie macht
es möglich, detaillierte Landkarten des Gehirns zu erstellen und zu lokalisieren, wo besonders viel passiert.
15 Anders als das Röntgen ist das Verfahren unbedenklich,
sodass auch gesunde Probanden ohne Risiko untersucht
werden können.
Schicht für Schicht wurde dabei das Gehirn der Teen-
ager abgebildet. Durch den statistischen Vergleich mit
20 vielen anderen Scans konnten die Wissenschaftler er-
mitteln, warum Jugendliche sich so anders und manchmal auch „unvernünftig" verhalten. Die entscheidende
Erkenntnis, die die Forschung in Bezug auf die Pubertät
erbracht hat, ist, dass sie länger dauert, als bisher ge-
25 dacht. Die Hirnreifungsprozesse dauern scheinbar vom
15. bis zum 25. Lebensjahr, so Professor Michael Schul-
te-Markwort vom Universitätsklinikum Hamburg-Eppen-
dorf.
Gefühl und Verstand scheinen dabei in der Zeit der Rei-
30 fe nicht länger im Team zu arbeiten. In der Großhirnrin-
de, die höhere kognitive Aufgaben steuert, werden
neue Datenautobahnen gebaut. Am längsten halten die
Arbeiten im Frontalhirn an, das wichtig für die Ent-
scheidungsfindung ist. Die neuen Informationswege
35 werden zunächst willkürlich vernetzt. Irgendwann aber
lichtet sich das Chaos im Kopf wieder. Nervenbahnen,
über die hektisch „gefunkt" wird, bleiben bestehen.
Andere, auf denen kaum Daten übertragen werden,
sterben ab. Und diese Prozesse dauern länger an, als
40 man bisher dachte.
In der Pubertät übernimmt das Gefühl das Kommando.
Die jungen Wilden tun, was sie wollen, und sind par-
tout nicht davon zu überzeugen, was ihre Eltern für
richtig halten. Der Bauch bestimmt den Rhythmus des
45 Lebens. Die Hirnforscher glauben, dafür eine Erklärung
gefunden zu haben: Die neuronale „Baustelle" im Cor-
tex ist nämlich nur ein Faktor, der das Verhalten von
Teenagern erklärt. Ein stark erhöhtes Wachstum von
Nervenzellen findet auch im Emotionszentrum tief im

50 Inneren des Gehirns statt. Dort laufen die Prozesse
noch rasanter ab, sodass das Zusammenspiel von Ver-
nunft und Gefühl noch weiter aus der Balance gerät,
am weitesten im Alter von 14 bis 15 Jahren.
Im Hippocampus sitzt das Gedächtniszentrum für
55 emotional aufgeladene Informationen, die in der Pubertät oft das Denken beherrschen. Bei Entscheidungen übernimmt die Amygdala, der Mandelkern, das
Kommando, jene Instanz, die Instinktreaktionen
steuert.
60 Die Wissenschaftler haben herausgefunden, dass bestimmte neuronale Regionen früher reifen als andere.
Belohnungsabhängige Hirnregionen reifen zum Beispiel früher als Regionen, die für die Handlungskon-
trolle zuständig sind. Das kann dazu führen, dass Ju-
65 gendliche in emotional geladenen Situationen
scheinbar irrationale Entscheidungen treffen und sich
für die sofortige Belohnung entscheiden. Sie handeln
generell impulsiver und denken nicht über das Risiko
nach. Zu keinem anderen Zeitpunkt im Leben ist die
70 Verletzungsgefahr daher höher als in der Pubertät. Vor
allem Jungs müssen von einer höheren Klippe sprin-
gen, um den gleichen Kick wie Erwachsene zu spüren.
Mädchen entwickeln sich nicht genauso wie die Jungs.
Das Aachener Team hat daher auch versucht herauszu-
75 finden, warum Mädchen anders als Jungen „ticken".
Die Hirnscans haben dabei auch den Beweis dafür ge-
liefert, dass das Gehirn in der Pubertät auch durch die
Flut der Sexualhormone gesteuert wird. Bei Mädchen
regt das Östrogen das Wachstum im Hippocampus an,
80 dem emotionalen Gedächtnis des Gehirns. Das macht
sie anfällig für Depressionen. Das männliche Testoste-
ron hingegen lässt den „Mandelkern" wachsen, der
„Bauchentscheidungen" steuert.
Auch das Gehirnwachstum verläuft bei Mädchen und
85 Jungen zu unterschiedlichen Zeitpunkten. Das männliche Gehirn hat sein Wachstum zu einem noch späteren Zeitpunkt abgeschlossen als das weibliche. Das erklärt teilweise auch, dass bestimmte Reaktionen bei
Jungen noch impulsiver oder noch weniger kontrol-
90 liert sind als bei Mädchen.
Den Experten gelingt es immer besser, das „Auf und
Ab" der Pubertät mit ihren „kleinen Unterschieden"
zu verstehen. Die Jugendlichen können nicht anders –
eine Erkenntnis, die dazu beitragen soll, sie besser zu
95 verstehen.

Quelle: ZDF/ZDF.de, 2009

 **LESEN**

1. Schritt: Die 2 + 3 + 1 – Lesemethode anwenden
Bearbeite den Text „So unterschiedlich ticken Jungen und Mädchen" mit der 2 + 3 + 1-Lesemethode. Lasse Schritte weg, die dir unnötig erscheinen.

> *In Übungsbereich 1 übst du, (a) Texte mit der 2 + 3 + 1-Lesemethode zu bearbeiten, (b) Textinformationen in einer Grafik übersichtlich darzustellen und (c) deine Grafik mit Fragen zu kontrollieren.*

Vor dem genauen Lesen werde ich:	
Während des Lesens werde ich:	
Nach dem Lesen werde ich:	

2. Schritt: Eine Grafik zum Text erstellen

Erstelle auf der Grundlage von Schritt 1 im 2. Schritt eine Grafik zum Text, die alle wichtigen Textinformationen übersichtlich wiedergibt.

Ich wähle folgende Visualisierungsform:	**Begründung:**

3. Schritt: Grafik kontrollieren
Prüfe deine Grafik, indem du die Fragen, die auf Seite 44 abgedruckt sind, mit Hilfe deiner Grafik beantwortest. Schaue dabei nicht mehr in den Text.

4. Schritt: Deine Textarbeit reflektieren

2 + 3 + 1-Lesemethode	
Als hilfreich hat sich erwiesen (mit stichwortartiger Begründung):	
Anders machen würde ich beim nächsten Mal (mit Begründung):	
Visualisierung	
Gelungen war an meiner Visualisierung (mit Begründung):	
Anders machen würde ich beim nächsten Mal (mit Begründung):	
Sonstige Anmerkungen:	

© Cornelsen Verlag Scriptor, Berlin • Diagnostizieren & Fördern • Deutsch • 9/10

LESEN

Janos Burghardt, Anne Allmeling: So unterschiedlich ticken Jungs und Mädchen

Die große Jugendstudie: yaez hat 3500 Jugendliche befragt, was ihnen wichtig ist.

Sie ist immer gut gelaunt, hat witzige Ideen und sieht verdammt gut aus: Das ist Anna. Eine fiktive Person, mit der viele gerne befreundet wären. Denn Anna vereint alle Eigenschaften, die Jugendlichen wichtig sind:
5 Humor, Hilfsbereitschaft und Intelligenz. Doch wenn Anna nach der Schule nur Hausaufgaben machen würde, wäre sie ziemlich unbeliebt – angesagt sind Jugendliche, die Skaten und Extremsport betreiben. Doch nur jeder zehnte Schüler rechnet sich einer dieser Jugend-
10 kulturen zugehörig. Dass Leute wie Anna gut ankommen, geht aus der HdM-yaez-Jugendstudie hervor. Mehr als 3500 Schüler haben im August daran teilgenommen und im Internet angegeben, was ihnen bei sich selbst und bei anderen wichtig ist. Die meisten Jugendlichen
15 wären demnach gerne ähnlich wie Anna. Das heißt aber nicht, dass alle Jungs mit einem Mädchen wie Anna zusammen sein wollen. Denn in einer Beziehung stehen nicht Intelligenz oder Hilfsbereitschaft im Vordergrund, sondern Ehrlichkeit und Treue. Und eines geht gar
20 nicht: Schüchtern darf der Partner nicht sein. Einer muss schließlich den Stein ins Rollen bringen.

Was wollen Jungs?
Jungs ticken nicht so simpel, wie manche vielleicht annehmen: Als wir ihnen die drei Mädchen auf dem Foto
25 vorgelegt und sie gefragt haben, welches sie am sympathischsten finden, tippten die meisten auf das natürlich aussehende Mädchen – am schlechtesten schnitt das Mädchen im Minirock ab. Tussis sind bei den Jungs von heute nicht angesagt. Auch auf sich bezogen über-
30 raschen sie in den Antworten: persönliche Eigenschaften wie aggressiv, dominant und muskulös zu sein sind ihnen nicht wichtig. Dafür wollen sie lieber immer einen guten Spruch parat haben und schlau sein, denn der Studie zufolge schätzen die meisten an sich selbst
35 Humor und Intelligenz. Typisch für die Jungs: Sie finden LAN-Partys und Computerspieler sympathisch. Und wie sieht das Traumgirl der Jungs aus? Jungen stehen nicht so sehr auf zierliche, schüchterne oder sexy aussehende Mädchen, diese Eigenschaften gaben weniger
40 als 10 Prozent der Jungs an.

Sie wollen vor allem eine Partnerin, die treu, ehrlich und fair ist.

Was wollen Mädchen?
Mr. Perfect ist ein treuer Skateboarder, darauf würden
45 nämlich die meisten Mädchen abfahren. Sie schätzen Eigenschaften wie Ehrlichkeit und Treue – doch am wichtigsten ist den Mädchen, dass ihr Partner gut zuhören kann. Das haben immerhin 97 Prozent der Mädchen als wichtige Eigenschaft bei ihrem Traumpartner
50 angegeben. Und er sollte Musik hören, Sport machen und auch noch gut angezogen sein. Neben den Skateboardern haben also auch Rocker, Modebewusste und Punker gute Chancen bei den Mädchen. Andere Jugendszenen sind weniger beliebt. Doch mixen sollte
55 man all die Szenen nicht – das wäre unnatürlich, und darauf stehen die Mädchen nun mal gar nicht. An sich selbst stellen die Mädchen auch hohe Ansprüche. 90 Prozent wollen gerne erfolgreich sein, genauso viele wollen auch hilfsbereit sein. In einer Beziehung wol-
60 len sie sich nicht einschränken. Weniger als die Hälfte der Mädchen würden persönliche Interessen und Freiheiten für eine Beziehung aufgeben wollen. Mädchen sind dazu weniger bereit als Jungs. Doch in einem überbieten sie die Jungen: Sie stellen mehr Fotos von
65 sich ins Internet. „Fraglich ist allerdings, ob sie sich immer der Risiken wie Cyber-Mobbing und dem Missbrauch persönlicher Daten bewusst sind", gibt Petra Grimm zu bedenken, Professorin an der Hochschule der Medien in Stuttgart.

Passen die Vorstellungen zusammen?
70 Die Jungs fühlen sich den Szenen Rock, HipHop und LAN-Gamern zugehörig – die Mädchen stehen aber auf Extremsportler und Skateboarder. Selbst rechnen sie sich den Jugendszenen Rock, Fashion und HipHop zu.
75 Mit Rock und HipHop gibt es also schon einen gemeinsamen Nenner zwischen den Geschlechtern. Ihre Werte verbinden sie sowieso – treu und ehrlich sein wollen Jungs und Mädchen gleichermaßen. Da machen auch Computerspiele und Fashion-Leidenschaft
80 nichts mehr aus. (© yaez.Die Jugendzeitung. September 2008.)

34,5 %   30,7 %   10,5 %   9,4 %   28 %   25,5 %   20,4 %   5,9 %   63,8 %   82,0 %   8,5 %   5,4 %

LESEN

Aufgaben zur Überprüfung deiner Textarbeit

Achtung: Du darfst deine Textgrafik, nicht aber den Text nutzen, denn es geht darum, zu prüfen, wie gut deine Grafik den Text erfasst. Kreuze bei Fragen, die mit deiner Grafik nicht zu beantworten sind, nichts an.

1. Laut Text (HdM-yaez-Jugendstudie) schätzen Jungen an sich selbst besonders ...

		Trifft zu	Trifft nicht zu
a)	Humor.	❏	❏
b)	Sportlichkeit.	❏	❏
c)	Intelligenz.	❏	❏
d)	Überlegenheit.	❏	❏

2. Laut Text (HdM-yaez-Jugendstudie) wollen Mädchen in hohem Maße ...

		Trifft zu	Trifft nicht zu
a)	natürlich aussehen.	❏	❏
b)	hilfsbereit sein.	❏	❏
c)	erfolgreich sein.	❏	❏
d)	persönliche Interessen für eine Beziehung zurückstellen.	❏	❏

3. Laut Text (HdM-yaez-Jugendstudie) schätzen Jungen an Mädchen ...

		Trifft zu	Trifft nicht zu
a)	eine gewisse Schüchternheit.	❏	❏
b)	eine sexy Ausstrahlung.	❏	❏
c)	natürliches Aussehen.	❏	❏
d)	Treue.	❏	❏

4. Laut Text (HdM-yaez-Jugendstudie) schätzen Mädchen an Jungen ...

		Trifft zu	Trifft nicht zu
a)	Sportlichkeit.	❏	❏
b)	Ehrlichkeit.	❏	❏
c)	gut angezogen zu sein.	❏	❏
d)	nicht einer Szene anzugehören, sondern Szenen zu mixen.	❏	❏

5. Laut Text (HdM-yaez-Jugendstudie) wollen sowohl Jungen als auch Mädchen in einer Beziehung vor allem ...

		Trifft zu	Trifft nicht zu
a)	Treue.	❏	❏
b)	Ehrlichkeit.	❏	❏
c)	... , dass der andere zuhören kann.	❏	❏
d)	... , dass der andere sportlich ist.	❏	❏

6. Prüfe, ob folgende Aussagen zutreffen.

		Trifft zu	Trifft nicht zu
a)	Grundlage der Studie ist eine Befragung von 4000 Jugendlichen.	❏	❏
b)	Jungen stellen mehr Fotos von sich ins Internet als Mädchen.	❏	❏

LESEN

1. Schritt: Die 2 + 3 + 1 – Lesemethode anwenden

Bearbeite den Text „Alkoholwerbung wirkt" mit der
2 + 3 + 1-Lesemethode. Lasse Schritte weg, die dir unnötig
erscheinen.

> In Übungsbereich 2 übst du, (a) Texte mit der 2 + 3 + 1-Lesemethode zu bearbeiten, (b) Textinformationen in einen Zusammenhang zu bringen und (c) deine Grafik mit Fragen zu kontrollieren.

Vor dem genauen Lesen werde ich:	
Während des Lesens werde ich:	
Nach dem Lesen werde ich:	

2. Schritt: Eine Grafik zum Text erstellen

Erstelle auf der Grundlage von Schritt 1 im zweiten Schritt eine Grafik zum Text, die den Zusammenhang der wichtigsten Textinformationen übersichtlich wiedergibt.

Ich wähle folgende Visualisierungsform:	**Begründung:**

3. Schritt: Grafik kontrollieren

Prüfe deine Grafik, indem du die Fragen, die auf Seite 47 abgedruckt sind, mit Hilfe deiner Grafik beantwortest. Schaue dabei nicht mehr in den Text.

4. Schritt: Deine Textarbeit reflektieren

2 + 3 + 1-Lesemethode	
Als hilfreich hat sich erwiesen (mit stichwortartiger Begründung):	
Anders machen würde ich beim nächsten Mal (mit Begründung):	
Visualisierung	
Gelungen war an meiner Visualisierung (mit Begründung):	
Anders machen würde ich beim nächsten Mal (mit Begründung):	
Sonstige Anmerkungen:	

LESEN

Parvin Sadigh: Alkoholwerbung wirkt (© ZEIT ONLINE 2009)

Eine Studie zeigt, dass Kinder und Jugendliche, die häufig Alkoholwerbung sehen, mehr trinken. Suchtexperten fordern, über ein Werbeverbot nachzudenken.

Wir sollten mal wieder über ein Verbot nachdenken – ein Werbeverbot für Alkohol, meinen Psychologen und Suchtexperten. Denn Alkohol bleibt ein Problem für Jugendliche, auch wenn sie insgesamt weniger trinken als
5 früher. Der jüngste Drogenbericht hat jedoch erneut gezeigt, dass jeder fünfte Jugendliche sich regelmäßig exzessiv besäuft.
Eine Studie im Auftrag der DAK, durchgeführt von dem Institut für Therapie- und Gesundheitsforschung in
10 Kiel, kommt nun zu dem Ergebnis, dass es einen deutlichen Zusammenhang zwischen Alkoholwerbung und dem Alkoholkonsum junger Menschen gibt. Danach haben mehr als 80 Prozent der Jungen und Mädchen, die keine solche Werbung kennen, auch noch nie Alkohol
15 getrunken. Dagegen haben mehr als 90 Prozent derjenigen, die jeden der vorgelegten Werbespots oder Plakate für Bier, Schnaps oder Wodka häufiger als zehnmal gesehen hatten, bereits entsprechende Getränke konsumiert. 3400 Schüler im Alter von 10 bis 17 Jahren
20 aus 174 Schulen wurden für die Untersuchung befragt. Nur 1,5 Prozent von ihnen gab an, noch nie eine der in der Befragung gezeigten Alkoholwerbungen gesehen zu haben. Fast alle kannten mindestens eines der gezeigten Motive. Darüber hinaus kam – ebenfalls kaum
25 überraschend – heraus, dass Jungen häufiger und mehr Alkohol trinken als Mädchen. Und sie überschreiten dabei öfter ihre Grenzen. Gleichzeitig nehmen die Jungen Alkoholwerbung stärker wahr als Mädchen. Sie erkannten sie häufiger wieder und erinnerten sich besser
30 an die Markennamen. Die Forscher haben den Jugendlichen zur Kontrolle auch Werbung für Handys und Süßigkeiten gezeigt. Hier war ein Zusammenhang kaum zu sehen.
Einer der Autoren der Studie, der Psychologe Matthis
35 Morgenstern, sagt, über die genaueren Gründe müsse noch weiter geforscht werden. „Es hat offensichtlich nichts damit zu tun, dass Jungen grundsätzlich interessierter an Werbung sind oder gar ein besseres Gedächtnis für Markennamen hätten." Vielleicht sprächen bestimmte Werbeformen, etwa im Zusammenhang mit
40 Sport, sie nur besonders an. Die Werbeindustrie hat das offensichtlich erkannt, denn inzwischen werden Spots und Plakate veröffentlicht, die besonders auf Mädchen zielen. Diese Lücke möchten die Hersteller offensichtlich gerne noch schließen. Diejenigen, die am meisten
45 Werbung für Alkoholika kennen, neigen auch doppelt so oft zum sogenannten Komasaufen.

Dabei wurde danach gefragt, wer bei einer Gelegenheit schon einmal fünf oder mehr alkoholische Ge-
50 tränke getrunken hatte. Die Ergebnisse könnten auch so interpretiert werden: Die Jugendlichen, die viel trinken, identifizieren sich erst in Folge dessen auch mit der Werbung Rum-trinkender Partygänger unter Palmen.
55 Morgenstern sagt dazu: „Kausale Zusammenhänge sind letztlich nicht mit einer einzigen Studie direkt nachzuweisen, sondern werden durch Daten unterfüttert oder eben auf Dauer widerlegt." Immerhin konnten die Autoren eine Reihe von Alternativerklärungen
60 in der Studie ausräumen. So konnte bei den Befragten der Zusammenhang mit einem erhöhten TV-Konsum, einem besonders hohen Alkoholkonsum im Elternhaus oder einen stärkeren Kontakt zu Alkohol trinkenden Freunden ausgeschlossen werden. Das spricht dafür,
65 dass die Alkoholwerbung tatsächlich einen Einfluss hat. Würde also ein Werbeverbot die Probleme lösen oder zumindest verringern? Auch Matthis Morgenstern räumt ein: „Freilich wäre es zu weit gegriffen, Werbung für Alkohol als größten oder gar alleinigen Fak-
70 tor für die Verbreitung von Alkohol unter Jugendlichen verantwortlich machen zu wollen. Sie leistet jedoch sicher ihren eigenen Beitrag zur individuellen Alkoholsozialisation."
Weniger Werbung würde jedenfalls dafür sorgen, dass
75 die Jugendlichen nicht mit so vielen positiven Assoziationen zum Alkohol versorgt würden. Dass Alkohol als normal in unserem Alltag gilt, liegt natürlich nicht nur an der Werbung – doch sie trägt dazu bei, meint Morgenstern. Auch zum Komasaufen: „Sofern man da-
80 von ausgeht, dass hier auch der Wunsch nach sozialem Erfolg eine Rolle spielt, kommen auch wieder Werbeeffekte ins Spiel."
Sicher ist allerdings: Ein isoliertes Verbot auszusprechen, wird kaum nützen. Zur Prävention sollte
85 noch anderes hinzukommen Morgenstern sagt: „Zu einem vernünftigen Maßnahmebündel gehören nicht nur Verbote. Preiserhöhungen zeigen Wirkungen, was man gut am Beispiel der Alcopopsteuer veranschaulichen kann." In Baden-Württemberg will man es jetzt
90 mit nächtlichen Alkoholkaufverboten versuchen. Aber um Jugendliche wirklich zum Umdenken zu bewegen, sind natürlich auch Informations- und Erziehungsmaßnahmen notwendig.
(http://www.zeit.de/online/2009/20/alkoholwerbewirkung?
page=all)

LESEN

Aufgaben zur Überprüfung deiner Textarbeit

1. Im Text wird das „Komasaufen" als Problem genannt. Wie wird dieser Begriff in der Untersuchung inhaltlich verstanden?

> **!**
>
> Achtung:
> Du darfst deine Textgrafik, nicht aber den Text nutzen, denn es geht darum, zu prüfen, wie gut deine Grafik den Text erfasst. Kreuze bei Fragen, die mit deiner Grafik nicht zu beantworten sind, nichts an.

		Trifft zu
a)	Alkohol trinken, bis man bewusstlos wird.	❏
b)	Fünf oder mehr alkoholische Getränke bei einer Gelegenheit trinken.	❏
c)	Nicht nur Bier, sondern auch Schnaps und Wodka trinken.	❏
d)	Bei einer Gelegenheit mindestens fünf Schnäpse oder fünf Wodka trinken.	❏

2. Laut Text trinken Jungen häufiger und mehr Alkohol als Mädchen. Dafür sind laut Text folgende Erklärungen als Grund denkbar:

		Lt. Text denkbar	Lt. Text ausgeschlossen
a)	Jungen sind grundsätzlich interessierter an Werbung.	❏	❏
b)	Bestimmte Werbeformen sprechen Jungen besonders an.	❏	❏
c)	Jungen werden stärker von Eltern beeinflusst, die trinken.	❏	❏
d)	Jungen haben ein besseres Gedächtnis für Markennamen.	❏	❏

3. Im Text wird eine Studie beschrieben, die einen Zusammenhang zwischen Alkoholwerbung und Alkoholkonsum nahelegt. Als Belege dafür werden angeführt:

		Trifft zu	Trifft nicht zu
a)	Jungen sehen mehr fern als Mädchen und trinken deshalb auch mehr Alkohol.	❏	❏
b)	Mehr als 80 % der Jugendlichen, die keine Alkoholwerbung erkannten, haben auch noch nie Alkohol getrunken.	❏	❏
c)	Alle Jugendlichen, die jeden vorgelegten Alkoholwerbespot schon einmal gesehen hatten, trinken auch entsprechenden Alkohol.	❏	❏
d)	Nahezu alle Jugendlichen, die die vorgelegten Werbespots für Alkohol häufig gesehen hatten, trinken auch entsprechenden Alkohol.	❏	❏

4. Welche der folgenden Aussagen gelten laut Text?

		Trifft zu	Trifft nicht zu
a)	Neben dem häufigen Sehen von Alkoholwerbung war bei den regelmäßig trinkenden Jugendlichen auch ein stärkerer Kontakt zu Alkohol trinkenden Freunden festzustellen.	❏	❏
b)	Die Preiserhöhungen bei Alcopops zeigen, dass man den Alkoholmissbrauch nicht mit Steuern vermindern kann.	❏	❏
c)	Trinkende Jugendliche schauen auch mehr Fernsehen.	❏	❏

5. Von einem Verbot von Alkoholwerbung verspricht man sich laut Text:

		Trifft zu	Trifft nicht zu
a)	Die Gefahr von Alkohol würde deutlicher werden.	❏	❏
b)	Alkohol wäre bei Jugendlichen nicht mehr mit so vielen positiven Gedanken verbunden.	❏	❏
c)	Alkohol würde nicht mehr als so normal erscheinen.	❏	❏
d)	Das durch die Werbung eingesparte Geld könnte für Informations- und Erziehungsmaßnahmen genutzt werden.	❏	❏

 **LESEN**

1. Schritt: Die 2 + 3 + 1 – Lesemethode anwenden

Bearbeite den Text „Hääääää?
Nähen lernen??????"
mit der 2 + 3 + 1-Lesemethode.
Lasse Schritte weg, die dir unnötig erscheinen.

> *In Übungsbereich 3 übst du,
> (a) Texte mit der 2 + 3 + 1-Lesemethode zu
> bearbeiten, (b) Textinformationen in einer Grafik so
> darzustellen, dass man Schlussfolgerungen daraus
> ziehen kann, und (c) deine Grafik mit Fra-
> gen zu kontrollieren.*

Vor dem genauen Lesen werde ich:	
Während des Lesens werde ich:	
Nach dem Lesen werde ich:	

2. Schritt: Eine Grafik zum Text erstellen

Erstelle auf der Grundlage von Schritt 1 im zweiten Schritt eine Grafik zum Text, die den Zusammenhang der wichtigsten Textinformationen übersichtlich wiedergibt.

Ich wähle folgende Visualisierungsform:	**Begründung:**

3. Schritt: Grafik kontrollieren

Prüfe die Aussagekraft deiner Grafik, indem du die Fragen, die auf Seite 51 abgedruckt sind, mit Hilfe deiner Grafik beantwortest. Schaue dabei nicht mehr in den Text.

4. Schritt: Deine Textarbeit reflektieren

2 + 3 + 1-Lesemethode	
Als hilfreich hat sich erwiesen (mit stichwortartiger Begründung):	
Anders machen würde ich beim nächsten Mal (mit Begründung):	
Visualisierung	
Gelungen war an meiner Visualisierung (mit Begründung):	
Anders machen würde ich beim nächsten Mal (mit Begründung):	
Sonstige Anmerkungen:	

LESEN

Jochen Bölsche: „Häääääää? Nähen lernen??????" (SPIEGEL 6/2008 Seiten 38 ff.)

Erstmals will Baden-Württemberg den jährlichen „Girls' Day" durch einen „Boys' Day" ergänzen - auch um Schuljungs in Erziehungsberufe zu lenken. Der Männermangel in Kitas und Lehrerkollegien steht mit im Verdacht, die Jungen zu Verlierern im Bildungssystem gemacht zu haben.

[...]Als erstes Bundesland soll Baden-Württemberg mit der Tradition brechen, den vierten Donnerstag im April lediglich als „Girls' Day" zu begehen, an dem Schülerinnen in sogenannte typische Männerberufe wie Mecha-
5 troniker oder Software-Systemtechniker hineinschnuppern können. Landesweit will [Landesministerin] Stolz, Mutter von drei Söhnen und einer Tochter, diesen Tag zugleich als „Boys' Day" begehen lassen.
Denn die Sozialministerin, zuvor Kultusstaatssekretärin
10 in Stuttgart, ist überzeugt: Mehr denn je verdienen heute gerade Jungs spezielle Hilfe zur Zukunftsorientierung – und das nicht nur in Verlegenheitsveranstaltungen, wie sie seit einiger Zeit hier und da als Ergänzungstermine am Rande und im Rahmen des Mädchen-
15 tags angeboten werden.
Ähnlich wie Niedersachsen und Brandenburg hat etwa Hamburg einige „Aktionen für Jungen am Girls' Day" offeriert, bei denen Knaben eine Tätigkeit in der Krankenpflege oder der Altenhilfe als „cool" verkauft wer-
20 den sollte. Vereinzelt gab es sogar schon einen „inoffiziellen Boys' Day", wobei diese Bezeichnung, wie das Stadtjugendamt München betonte, „nur ein Arbeitstitel" war.
Doch bereits derlei zaghafte Ansätze, die Jungen mit
25 einem „Mädchenzukunftstag" nicht länger völlig auszugrenzen, haben in der feministischen Szene Proteste hervorgerufen. „Der Girls' Day soll Girls' Day bleiben", forderte der Hauptvorstand der hochgradig feminisierten LehrerInnen-Gewerkschaft GEW. Mit jedem Versuch,
30 „den Girls' Day für Jungen zu öffnen", so GEW-Frauenreferentin Frauke Gützkow im Jargon des Geschlechterkampfs, werde „Frauen und Mädchen erobertes Terrain streitig gemacht": „Es gibt keinen Grund dafür, dass Mädchen den Zukunftstag in den Betrieben mit Jungen
35 teilen sollen."
Ebenso vehement wie einige Feministinnen widersetzten sich allerdings auch Mitglieder von Männerrechtsorganisationen ersten Ansätzen, am Girls' Day zugleich auch Jungs aus ihrer traditionellen Geschlechterrolle
40 zu lösen und damit deren Berufswahlspektrum zu erweitern.
In Veranstaltungen, in denen pubertierende Knaben unter anderem Bettlaken bügeln, Babypuppen windeln und Kinderwagen über den Schulhof schieben müssen,
45 sehen engagierte Maskulisten Akte einer von „Kampf-Emanzen in Reinkultur" betriebenen „Umerziehung"

des männlichen Nachwuchses. Diese „Gehirnwäsche-Aktion, die auch noch als Jungenförderung verkauft wird", schäumt es etwa aus dem Männerforum pappa.
50 com, sei „eine einzige Unverschämtheit". Von solchen Stimmen allerdings will sich die Stuttgarter Sozialministerin bei ihrem Einsatz für die Einführung des Boys' Day am 24. April nicht bremsen lassen. Das Projekt, so Stolz, komme allen zugute – es schaffe „eine
55 Win-win-Situation".
Ohnehin kaum umstritten ist der Nutzen des 2001 in Deutschland (nach US-Vorbild) eingeführten Mädchentags. Weit über eine halbe Million Schülerinnen sind seither durch Betriebsbesuche darauf aufmerk-
60 sam gemacht worden, dass die zukunftsträchtigen technischen Berufe nicht den Männern vorbehalten sind. Nach wie vor allerdings wählt mehr als die Hälfte der Schulabgängerinnen ihren Ausbildungsplatz unter nur zehn verschiedenen Berufen aus – darunter kein
65 einziger mit technischer Ausrichtung (siehe Grafik, S. 50).
An mangelnder Qualifikation der Mädchen kann es nicht liegen, dass so viele eher Friseurin als Mechanikerin werden. Im Gegenteil: Jahrzehntelange erfolg-
70 reiche Bemühungen um mädchengerechten Unterricht haben dazu beigetragen, dass heute, so auch die GEW, „Mädchen die Gewinnerinnen im Bildungssystem sind".
In der Bundesrepublik, die auf der Weltrangliste der
75 Frauenfreundlichkeit, dem „Global Gender Gap Report", unter 128 Staaten den siebten Platz belegt, haben die Frauen ihre Bildungsdefizite in den vergangenen Jahrzehnten nicht nur verringert, sondern laut Institut für Arbeitsmarkt- und Berufsforschung „die
80 Männer in weiten Bereichen der allgemeinen wie beruflichen Bildung bereits überholt".
Die Kehrseite des Sieges: Während der Unterricht, so der Frankfurter Bildungsforscher Frank Dammasch, in den vergangenen Jahrzehnten „eher an weibliche For-
85 men des Lernens und Gestaltens angepasst" worden ist, haben „die Jungen seit den achtziger Jahren in den Schulleistungen kontinuierlich nachgelassen". So sind sie überproportional stark vertreten unter Sitzenbleibern und Sonderschülern, Schulverweigerern und
90 Pisa-Versagern. Zugleich ist die Zahl der Verhaltensstörungen bei Jungs emporgeschnellt. Es sei „kein Wunder", so Dammasch, „dass etwa 85 Prozent

des Psychopharmakons Ritalin männlichen Kindern ge-
geben" werden.

95 Mädchen wiederum machen 56 Prozent der deutschen
Abiturienten aus. Die Generation der „Alpha-Girls", wie
der Harvard-Kinderpsychologe Dan Kindlon die Töchter
der feministischen Revolution nennt, stellt in der Bundesrepublik zwei Drittel der Teilnehmer von internatio-
100 nalen Austauschprogrammen. Bildungsstudien lassen
kaum Zweifel daran, dass der zunehmende Männermangel in den Erziehungsberufen den Leistungsverfall der
Knaben und damit den Trend zum „Beta-Boy" noch be-
schleunigt hat. Manch ein Sohn einer alleinerziehenden
105 Mutter begegnet in seinem ersten Lebensjahrzehnt im
Bildungssystem keinerlei Männern, obwohl die als Be-
zugspersonen, so Dammasch, „essentiell wichtig" für
die Entwicklung von Jungen seien.

Der Wissenschaftler sieht sogar Zusammenhänge zwi-
110 schen dem Männerdefizit im Erziehungswesen und der
Gewaltbereitschaft männlicher Jugendlicher: Jungs
müssten sich, so Dammasch, „mit Männern liebevoll

identifizieren, aber auch mit ihnen kämpfen können",
um Anerkennung ihrer Männlichkeit zu erfahren, „da-
115 mit sie sich nicht später in diffuser Unruhe, in des-
truktiver Gewalt oder in selbstdestruktiver Passivität
verlieren".

Wenn dem so ist, müssen die aktuellen Defizitdaten in
hohem Maße beunruhigen: Bei Krippengruppen ist
120 nicht einmal jeder hundertste Beschäftigte männlich.
In Kindergärten liegt der Männeranteil gerade mal
bei zwei Prozent, in Schulkindergärten bei knapp fünf
Prozent. In Grundschulen ist jede siebte Lehrkraft ein
Mann. Exakt hier will die CDU-Politikerin Stolz mit ih-
125 rem Boys' Day ansetzen. Der Tag soll in Baden-Württemberg gezielt auch dafür genutzt werden, Jungen
für solche Erziehungsberufe zu animieren, die zur Do-
mäne der Frauen geworden sind. Auch Stolz weiß:
„Wir brauchen mehr Männer in Kindergärten und
Grundschulen."
[...]

(SPIEGEL 6/2008, Seiten 38 ff.)

(SPIEGEL 6/2008, Seiten 39, 40)

Aufgaben zur Überprüfung deiner Textarbeit

Achtung: Du darfst deine Textgrafik, nicht aber den Text nutzen, denn es geht darum, zu prüfen, wie gut deine Grafik den Text erfasst. Kreuze bei Fragen, die mit deiner Grafik nicht zu beantworten sind, nichts an.

1. Der „Girls' Day" gilt in Deutschland als Erfolg. Woran lässt sich der Erfolg laut Text festmachen?

		Trifft zu	Trifft nicht zu
a)	Durch den „Girls' Day" kann eine mangelnde technische Qualifikation von Mädchen ausgeglichen werden.	❏	❏
b)	Der „Girls' Day" kann hochqualifizierte Mädchen auf technische Berufe aufmerksam machen, die in der Zukunft wichtig sein werden.	❏	❏
c)	Der „Girls' Day" hat dazu geführt, dass Mädchen in der Schule viel erfolgreicher als Jungen wurden.	❏	❏
d)	Der „Girls' Day" stärkt das Bewusstsein der Mädchen, besonders gefördert zu werden.	❏	❏

2. Die Einführung eines „Boys' Day" zielt vor allem darauf,

		Trifft zu	Trifft nicht zu
a)	Männer auch zu Hause am Bügeln und an der Kinderpflege zu beteiligen.	❏	❏
b)	die Leistungen der am „Boys' Day" teilnehmenden Jungen in der Schule zu verbessern.	❏	❏
c)	den Männeranteil in Erziehungsberufen zu erhöhen.	❏	❏
d)	langfristig die Leistungen von Jungen in der Schule zu verbessern.	❏	❏

3. Ein Junge überlegt, sich zum Erzieher im Kindergarten ausbilden zu lassen. Er gibt dafür die folgenden vier Gründe an. Welche können sich auf den Text stützen?

		Trifft zu	Trifft nicht zu
a)	Als Erzieher kann ich dazu beitragen, dass Jungen weniger bereit zur Gewalt sind.	❏	❏
b)	Als Mann würde ich mehr verdienen als die Erzieherinnen.	❏	❏
c)	Meine Tätigkeit trägt dazu bei, dass Jungen im Bildungssystem erfolgreicher werden.	❏	❏
d)	Ich könnte dazu beitragen, dass Jungen ihre Männlichkeit besser ausbilden können.	❏	❏

4. Aus dem Text können folgende Schlussfolgerungen gezogen werden:

		Trifft zu	Trifft nicht zu
a)	Gäbe es schon heute einen hohen Anteil an männlichen Pädagogen in Kindergärten und Schulen, so wäre der „Boys' Day" weniger wichtig.	❏	❏
b)	Ein Erfolg des „Boys' Day" wäre es, die Männerquote in Erziehungsberufen zu erhöhen.	❏	❏
c)	Ein „Boys' Day" würde auch helfen, Frauen für typische Männerberufe zu begeistern.	❏	❏

5. Gegen den „Boys' Day" könnte kritisch eingewandt werden, …:

		Trifft zu	Trifft nicht zu
a)	dass es damit weniger Plätze für den „Girls' Day" gäbe und die Mädchen somit benachteiligt würden.	❏	❏
b)	dass damit ein ganzer Schultag verlorengeht.	❏	❏
c)	dass es für Mädchen dadurch später schwieriger werden würde, Ausbildungsplätze in Erziehungsberufen zu erhalten.	❏	❏

 **LESEN**

Text 1 (besonders geeignet für Übungsbereich 1)
Christoph Lumme: Sehnsucht nach den 50ern
Junge Männer hängen an alten Rollenbildern: Das „Heimchen am Herd" hat Konjunktur.

Wuppertal. Kinder – Küche – Kirche: Die Formel der 50er ist längst Geschichte. Heute studieren mehr Frauen als Männer – und die Einverdiener-Ehe gilt als Ausnahme. Dennoch verändern sich die Werte in den Köpfen häufig zählebiger als die gesellschaftlichen Realitäten, wie die „Vorwerk Familienstudie 2008" zeigt, für die das Allensbach-Institut 1800 Deutsche befragte.

5 Dabei sind es die Männer, die an alten Rollenbildern hängen. „Die überwiegende Mehrheit der Männer zwischen 16 und 29 Jahren bringt den Emanzipations- und Autonomieansprüchen der Frauen Argwohn entgegen", lautet ein Fazit der Studie.

10 **Streit um die Arbeit im Haushalt löst häufig Ehekrisen aus**

Dagegen hat sich das Selbstbild der heutigen Mütter deutlich gewandelt. War die Nachkriegsgeneration vielfach noch von einer „Opfermentalität" geprägt, finden

15 es heute mehr als zwei Drittel aller jungen Frauen besonders wichtig, dass eine berufstätige Mutter nicht nur für die Familie da ist, sondern auch eigenen Interessen nachgeht.

Offenbar sind die unterschiedlichen Vorstellungen häu-

20 fig der Grund für Streit: Unter den Müttern, die Haushalt und Familie allein bewältigen müssen, sagt jede dritte, dass es wegen dieses Themas schon zu ernsten Krisen in ihrer Ehe gekommen sei.

Resultate der Studie
Zu viel 57 Prozent der Mütter empfinden ihren Anteil an der Familienarbeit als „etwas belastend", ein Viertel der Frauen sogar als „sehr belastend".
Zu wenig Eltern wünschen sich mehr finanzielle Hilfen vom Staat (54 Prozent), geringere berufliche Belastungen (35 Prozent) und familienfreundlichere Arbeitszeit (45 Prozent). 21 Prozent wünschen sich ein stärkeres Engagement durch den Partner.
Zu selten Werktags verbringen deutsche Väter im Durchschnitt zwei Stunden pro Tag mit ihren Kindern. Ein Viertel aller Väter hat aus beruflichen Gründen noch weniger Zeit. Am Wochenende steigt die Zeit der Väter für die Kinder auf sechs Stunden pro Tag

(Quelle: Westdeutsche Zeitung (WZ), 26.8.2009)

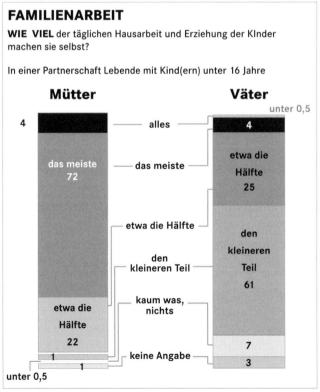

FAMILIENARBEIT
WIE VIEL der täglichen Hausarbeit und Erziehung der Kinder machen sie selbst?

In einer Partnerschaft Lebende mit Kind(ern) unter 16 Jahre

Quelle: Allensbach, nach einer Grafik von Ilka Jaroch

Text 2 (besonders geeignet für Übungsbereich 2) **Klaus Hurrelmann, Gudrun Quenzel: „Lasst sie Männer sein"**
(DIE ZEIT 23. 10. 2008, Nr. 44)

[...] Das Kapitel »Geschlecht und Schulerfolg« muss neu geschrieben werden. In den USA ist der Vormarsch der jungen Frauen in den Colleges und Universitäten ein großes Thema. Auch ihre Erfolge beim Einstieg in
5 lukrative Berufslaufbahnen sorgen für Aufmerksamkeit. Ganz so weit ist es bei uns noch nicht. Aber es scheint, als hätten auch in Deutschland die jungen Männer den Anschluss an die Erfordernisse der modernen Leistungswelt verpasst. [...]

10 **Männer verkennen die Spielregeln der modernen Leistungsgesellschaft**

[...] Wie die Shell-Jugendstudie aus dem Jahre 2006 zeigt, setzen sich die Entwicklungen [, die schon in der Kindheit zu beobachten sind,] im Jugendalter fort. Die
15 jungen Frauen sind ehrgeiziger und schulisch erfolgreicher. Das traditionelle Frauenbild mit der Orientierung an den drei K, Kinder, Küche und Kirche, findet nur noch bei 20 Prozent von ihnen Resonanz. Alle anderen haben als viertes K die Karriere hinzuoptiert. Die jungen Frau-
20 en wollen Bildungs- und Berufserfolg mit Familie, Kindern, Haushalt und Partnerbeziehung verbinden.
Die jungen Männer ziehen hier nicht mit. Nur eine Minderheit von ihnen kann sich eine echte Arbeitsteilung mit der späteren Partnerin vorstellen. Sie klammern
25 sich am traditionellen Männerbild mit der Fixierung auf das eine K der Karriere fest. Sie glauben, als Angehörige des männlichen Geschlechts nach wie vor eine garantierte Option auf den beruflichen Erfolg und die Rolle des Familienernährers zu haben. Entsprechend wenig
30 Ehrgeiz wird deswegen in die Schule investiert. [...] Für den jungen Mann gilt traditionell als charakteristisch, Belastungen des Körpers und der Psyche heroisch zu ertragen. Weint ein Junge, dann riskiert er seinen Platz in der männlichen Hierarchie. Das ist bei den Mädchen
35 ganz anders, und entsprechend fällt es ihnen leichter, sich bei Anspannungen und bei Belastungen, auch bei Leistungsproblemen anderen gegenüber zu öffnen.
Die jungen Männer hingegen sind in ihrer Geschlechtsrolle befangen und schneiden sich damit von möglichen
40 kritischen und selbstkritischen Impulsen für ihre Weiterentwicklung ab. Das überträgt sich indirekt auf ihre Leistungsfähigkeit. Die Studien zeigen nämlich, wie unrealistisch ihre subjektive Einschätzung von Begabung und Fähigkeiten ist. Die Jungen glauben nicht
45 nur, sie seien körperlich unbesiegbar, sie glauben fatalerweise auch, in der Schule richtig gut abzuschneiden, auch wenn das nicht der realen Bewertung entspricht.
[...] Um eine intensive Jungen- und Männerförderung

kommen wir nicht herum, wenn der Trend des Leis-
50 tungsabfalls der Jungen gestoppt werden soll. Die Mädchen- und Frauenförderung, die seit den 1970er Jahren große Wirkung erzielt hat, gibt das Vorbild. Wie wurde dabei vorgegangen? Es ging zunächst darum, die Stärken der jungen Frauen zu sichern. Dann in
55 einem zweiten Schritt ihre Schwächen zu identifizieren und durch gezielte Impulse auszugleichen. Mädchen wurden ermuntert, sich Leistungsareale anzueignen, die bis dato als typisch männlich galten.
Jungen brauchen Bewegung in jeder Unterrichtsstun-
60 de, nicht nur im Sport.
Genau diese Muster sollten jetzt für die Jungenförderung Pate stehen. Sollen die Jungen in ihrer Kompetenzentwicklung positiv beeinflusst werden, müssen sie also in ihren typisch männlichen Eigenschaften
65 gestärkt und in ihren bisher erfolgreichen schulischen Aktivitäten bestätigt, zum anderen aber in ihren Schwachzonen gezielt aufgebaut werden. Das Fernziel der Männerförderung ist dann, analog zur Frauenförderung, die Fixierung auf die traditionelle Ge-
70 schlechtsrolle abzubauen und zu einem flexibleren Verständnis von Mannsein zu kommen. Das ist die wichtigste Erkenntnis der Studien: Die Leistungsfähigkeit der jungen Männer kann effektiv nur dann gefördert werden, wenn ihre gesamte Perspektive der
75 Lebensführung inklusive ihres Körper- und Begabungsselbstbildes zum Thema wird.
Wie könnte ein solches Förderprogramm aussehen? Eine wichtige Komponente wäre das Zulassen männlicher Eigenarten und Absonderlichkeiten im Unter-
80 richt, um die Jungen, pädagogisch gesprochen, »dort abzuholen, wo sie gerade stehen«. Sie müssen die Gelegenheit haben, als machtvoll und überlegen aufzutreten, den sozialen Raum um sich herum zu erobern und die besonderen Formen der männlichen Selbstbe
85 hauptung zu praktizieren. Sie müssen »Mann« sein dürfen. Entsprechend wichtig sind Bewegungsimpulse nicht nur im Sport und in den Pausen, sondern möglichst in jeder Stunde. Der Unterricht sollte es den Jungen ermöglichen, körperlich aktiv und unruhig zu
90 sein, ohne dass damit Störungen einhergehen. Auch sollten typisch männliche Formen von Aggressivität zugelassen werden, um sie aufzunehmen und in konstruktive Bahnen zu lenken.
Zum optimalen Förderprogramm gehört auch das Trai-
95 ning von Körpersensibilität. Lernen sie, die Grenzen ihrer Körperkraft richtig einzuschätzen, können sie

mit ihren Stärken und Schwächen besser umgehen. Dieses überträgt sich auf ihren Umgang mit intellektuellen Leistungen und schützt sie vor Fehleinschätzungen. Im Unterricht ist deshalb die realistische Rückmeldung der
100 erreichten Leistung von größter Bedeutung. Nur damit lässt sich der notorischen Selbstüberschätzung der jungen Männer Paroli bieten. Zugleich brauchen sie gezielte Unterstützung, um aus Fehlern und Versagen zu lernen. Sie müssen in Ausdauer ebenso trainiert werden
105 wie in ihrer Fähigkeit, verschiedene Anforderungen miteinander zu koordinieren, den Tageslauf zu antizipieren und ihre Arbeitspensen zu strukturieren. Schließlich ist eine klare und transparente Festlegung von Regeln des Umgangs in der Klassengemeinschaft
110 für Jungen von erheblich größerer Wichtigkeit als für Mädchen. Diese schaffen es mit typisch weiblicher Sensibilität sehr schnell, den sozialen Code des Umgangs in der Gruppe zu entschlüsseln. Das fällt den machtorientierten und instrumentell eingestellten Jungen sehr
115 schwer. Sie müssen erst Freude am Leben in einer Gemeinschaft entwickeln können, auf die Reize von Harmonie und Aufgehobenheit in der Gruppe aufmerksam werden und dabei lernen, Vereinbarungen einzuhalten.

© Klaus Hurrelmann

120 Hier könnte eine strukturelle Benachteiligung von Jungen im heutigen Unterricht liegen. Durch Ansätze des »offenen Unterrichts« und unstrukturierte, auf Harmonie und Konfliktunterdrückung ausgerichtete pädagogische Arbeit, die vielerorts vorherrscht, ha-
125 ben Mädchen bessere Entfaltungsmöglichkeiten als Jungen. Ein gut strukturierter und regelgeleiteter Unterricht, das hat schon die Reformpädagogik in den 1920er Jahren immer wieder betont, schafft klare Erwartungen und drückt gleichzeitig Wertschätzung für
130 jedes Gemeinschaftsmitglied aus. Das brauchen Jungen heute, um sich in die Welt der schulischen Leistung einfügen zu können. Kommt ihnen diese Welt allzu weiblich daher, dann stellen sich bei ihnen Fremdheitsgefühle ein, und sie können keine guten
135 Fachleistungen abliefern.
Es hat sehr lange gedauert, bis die Benachteiligung der Mädchen und Frauen als inakzeptabel wahrgenommen wurde und Gegenstrategien als notwendig galten. Nun droht eine Benachteiligung der jungen
140 Männer. Auch sie haben ein Anrecht darauf, Geschlechtergerechtigkeit zu erfahren.

Text 3 (besonders geeignet für Übungsbereich 3) **Burkhard Straßmann: Woher haben sie das?**
(DIE ZEIT 28.06.2007 Nr. 27)

Alle erzieherischen Versuche, aus Jungen und Mädchen geschlechtsneutrale Wesen zu machen, sind gescheitert.
Gegen die Natur kommt nur an, wer sie akzeptiert.

Wahlscheid, ein freundlicher Ort bei Bonn. Ruhige Wohnstraße, Einfamilienhaus, Vater, Mutter, drei Kinder. Der Große, Leon, wird 14, ist unbedingt vorzeigbar: Der Junge ist sensibel, empathisch, kann Gefühle zei-
5 gen. Die Zwillinge Keno und Emilie sind dreieinhalb und putzmunter, aber etwas an ihnen stürzt ihre Eltern in Verwirrung. »Wir haben sie jedenfalls nicht bewusst nach dem Geschlecht unterschieden, sie waren für uns einfach zwei Kinder«, sagt Susanne Göllner fast ent-
10 schuldigend. Wie sich die beiden Kleinen jedoch entwickeln, das nimmt sie oft nur noch »mit Verblüffung, teilweise aber auch mit hilflosem Erstaunen wahr«. Keno begrüßt den Gast mit »tatütata« und Feuerwehrauto in der Hand. Emilie spielt gerade mit einer Elfen-
15 kutsche, die von einem Einhorn gezogen wird. Dann setzt sie sich mit einer Bürste auf Mamas Schoß, lässt sich frisieren und rennt zum Spiegel. Er sitzt bei Papa, haut mit einem blauen Becher auf den Tisch und schnappt sich dann ein Buch über die Berufsfeuerwehr.
20 Sie holt sich auch ein Buch, Titel: *Prinzessin will ich sein* (»Das Fühlbuch für kleine und große Prinzessinnen«).
Während Emilie Saft in ihren Becher bekommt (der rosa ist, »die Farben haben sie sich selbst ausgesucht«, be-
25 tont die Mutter), erzählen die Eltern: Er trägt am liebsten blaue und grüne Sachen, sie Rosa und Gelb. Außerdem liebt Emilie Kleider. Von der Mutter hat sie das nicht, die mag Hosen. [...]
Szenen aus den fünfziger Jahren? Mitnichten, und die
30 Eltern sind auch nicht von der Zivilisation vergessene Hinterwäldler des östlichen Rheinlandes. [...]
In diesem Einfamilienhaus herrscht das typische Milieu der Reflektierten und ökonomisch Bessergestellten, der Political Correctness und des postfeministischen Dis-
35 kurses. Wenn es hier einen Konsens gibt, dann darüber, dass der aggressive Macho out ist und das dekorative Dummchen von gestern. Und dass Geschlechterstereotype verhindern, dass der Mann Gefühle zeigt und die Frau emporkommt. Und weil es die Kinder einmal besser
40 haben sollen, erziehen wir sie geschlechtsneutral. Zu Menschen. Bei Leon hat das offenbar gut funktioniert. Doch dann kamen die Zwillinge. Ein Junge, ein Mädchen. Geradezu eine Laborsituation für die perfekte geschlechtsneutrale Erziehung. Denn beide Kinder haben
45 vom Start weg Autos und Puppen und Bagger und Teddys zur freien Verfügung. Haarbürsten und Spiegel

und Feuerwehrautos. Blaue und rosa Pullover. Die ganze Bandbreite der herkömmlichen Jungen- und Mädchenwelten. Sie konnten sich, sagt Susanne Göll-
50 ner, frei bedienen. Und was wählten sie aus? Nur Spielzeug, Klamotten und Verhaltensweisen, die die ältesten, lange überwunden geglaubten Klischees bedienen. [...] Offenbar reichen das gute Vorbild und der bewusste Verzicht auf stereotype Manipulation
55 nicht aus – im Gegenteil, die Kleinen scheinen den Eltern demonstrieren zu wollen: Schaut her, so geht das! Doch wieso schlagen so zuverlässig die herkömmlichen Rollenmuster wieder durch? Auch selbstbewusste Frauen und selbstkritische Männer ertappen
60 sich angesichts solcher Rückfälle ins Rollenspiel der Fünfziger bei Mutmaßungen über die biologische Verankerung von Macho- und Prinzessinnenrolle. Sind die Geschlechtsrollenklischees also doch angeboren? Waren sie einst ein evolutionärer Vorteil? [...]
65 Anfang der achtziger Jahre hat die Feministin Marianne Grabrucker dann sehr bewusst und mit dem Protokollblock in der Hand den Versuch unternommen, ihre kleine Tochter wirklich frei und geschlechtsneutral zu erziehen. Das Kind sollte auf gar keinen Fall »auf die
70 Mädchenrolle zugerichtet« werden, stattdessen »die Neue Frau schlechthin« werden. Marianne Grabruckers Tagebuch *(Typisch Mädchen ... Prägung in den ersten drei Lebensjahren)* ist als erschütterndes Dokument des Scheiterns zu lesen. Bei aller Mühe und Selbstkon-
75 trolle, heraus kam am Ende das Schlimmste: »mädchenhaftes Verhalten«. Dabei hatte die Mutter wirklich aufgepasst. Sie hatte bei Substantiven sogar die weibliche Form bevorzugt (wenngleich ihr einmal das Wort »Lokomotivführerin« nicht über die Lippen
80 kam, was sie sehr deprimierte). Kleine Erfolge hatten sich auch eingestellt: Als die Zweijährige einmal zauberte, benutzte sie die Worte »Hokuspokus Fidibus, dreimal schwarze Katerin«. Und doch scheiterte das Projekt. [...]
85 Über die erstaunlichen Fähigkeiten schon ganz kleiner Kinder, sich in der geschlechtlich bipolar organisierten Umwelt zu orientieren, weiß man heute einiges. Etwa, dass bereits dreimonatige Babys oft in der Lage sind, Männer- und Frauenstimmen auseinanderzuhal-
90 ten. Gut einjährige Säuglinge unterscheiden weibliche und männliche Gesichter und können die entsprechenden Stimmen zuordnen.

Sie achten in erster Linie auf Haarlänge und Kleidung. Der Wuppertaler Entwicklungspsychologe Hanns Martin

95 Trautner hat untersucht, wie flexibel die kindlichen Ansichten über Männliches und Weibliches sind. Zwischen drei und sechs Jahren hat er eine »dramatisch anwachsende Bedeutung der Geschlechterkategorien« festgestellt. Denn dann haben die Kinder gelernt, dass das

100 Geschlecht einerseits eine sehr zuverlässige Kategorie ist, zur Groborientierung in einer unübersichtlichen Welt bestens geeignet. Aber auch, dass es eine hohe soziale Gewichtung hat. Noch nicht klar ist, woher Kinder die Fähigkeit nehmen, sogar den metaphorischen

105 Gehalt von Begriffen wie Feuer, Blitz, Haie, aber auch von groß, dunkel und spitz dem Bedeutungsfeld »männlich« zuzuordnen. Und entsprechend weich, glatt, Schmetterling, Wolke oder pastellfarben der weiblichen Sphäre.

110 Offensichtlich immerhin ist, dass Kinder diesen Alters sehr rigide an ihren geschlechtsbezogenen Einstellungen festhalten. Mädchen, die auswählen dürfen zwischen einer kaputten Puppe und einem neuen Auto, bevorzugen die Puppe. Sie würden sogar lieber putzen, als

115 mit dem Auto zu spielen.
Geschlechtsrollen werden in diesem Alter als so gültig wie Naturgesetze oder moralische Prinzipien empfunden. Erst in der Schule, mit zunehmendem Wissen und einer ausreichenden Sicherheit, was die kulturellen Ge-

120 schlechtsrollenstandards angeht, leisten es sich Kinder, die Stereotype flexibler zu behandeln. Sie erkennen, dass es zartere Jungen und aggressivere Mädchen gibt, dass auch geschlechtsneutrale Garderobe existiert. Sie beginnen, unbekannte Erwachsene nicht – wie im

125 Vorschulalter noch – zuallererst als Mann oder Frau wahrzunehmen.
Eine interessante Beobachtung machte Trautner bei Längsschnittstudien mit anfangs auffällig streng einteilenden Kindern: Wer als Kleinkind seine Welt be-

130 sonders klar in männlich/weiblich aufteilte, konnte später lockerer mit den Kategorien umgehen. Das entspricht der Alltagswahrnehmung. Männer und Frauen, die früh in eine sichere Geschlechtsrolle gefunden haben, müssen sich nicht mehr ständig ihrer sexuellen

135 Identität durch präpotentes oder püppchenhaftes Gebaren versichern. Sie können sich auch vom Rollenklischee abweichendes Verhalten erlauben.
Die klare Vorstellung von der Geschlechterdifferenz und der eigenen Zugehörigkeit ist offenbar eine gute

140 Basis für einen späteren freien Umgang mit Stereotypen. Man kann sich dann Interesse und sogar Freude und Spaß an der Differenz leisten. Und man kann dann auch Unterschiede ertragen. Denn Differenz, darauf weist der Sozialwissenschaftler Amendt hin,

145 macht eben nicht nur stolz. Sie erzeugt auch Neid. Penisneid ist da bloß ein Beispiel. Nur starke Menschen halten die Unterschiede zwischen den Geschlechtern aus. [...]
Heute sollte man die Geschlechterdifferenz entspann-

150 ter betrachten. In Wahrheit hat die Entkrampfung ja schon längst begonnen. Der meiste Ballast ist bereits über Bord. Und siehe: Die großen Frauen verlieren weder ihr Wahlrecht noch ihre Führungspositionen in Politik und Wirtschaft. Derweil ziehen die kleinen Frauen ganz unverkrampft los ins Leben. Starten als Prinzessinnen. Und landen als Feuerwehrfrauen. Wenn sie wollen.

© Burkhard Straßmann

 # LESEN

Welche Strategien wendest du beim Lesen an?

Überlege nun noch einmal, welche Strategien du beim Lesen anwenden kannst und wie du selbst diese im Rückblick beurteilst!

Lesestrategie	Dieser Schritt war für mich			
Welche Strategien wendest du beim Lesen an?	sehr wichtig	zum Teil wichtig	nicht wichtig	Begründung
Vor dem genauen Lesen:				
1. Schritt:				
2. Schritt:				
Während des Lesens:				
3. Schritt:				
4. Schritt:				
5. Schritt:				
Nach dem Lesen:				
6. Schritt:				

Visualisierung	
Folgende Visualisierungstechniken haben mir bei der Textarbeit besonders geholfen:	
Visualisierungstechnik	**Begründung**

Welche Strategie, nach der vielleicht noch nicht gefragt wurde, ist dir beim Lesen noch besonders wichtig?

_____

_____

Tausche dich mit deinem Partner über die Antworten aus!

LESEN

Name: _____ Klasse: _____ Datum: _____

Lies den folgenden Text gründlich durch und beantworte dann die Fragen auf den darauffolgenden drei Seiten.
Du darfst dabei natürlich nochmals in den Text schauen.

Maya Götz: Sexualisierte Mädchen und machohafte Siegertypen – Geschlechterbilder im Kinderfernsehen

Kinderfernsehsendungen und -filme gehören zum Alltag von Kindern und prägen ihre Weltbilder. Sie prägen auch ihre Vorstellungen davon, was es heißt, ein Mädchen oder ein Junge, ein Mann oder eine Frau zu sein.

„Und dann hat mir der Film gesagt, in mir steckt noch was Besseres", erzählt die 10-jährige Leonie über den Kinofilm *Die Wilden Kerle* und die Fernsehserie *Disneys große Pause*. „Ich weiß jetzt, dass das eben auch Mäd-
5 chen machen dürfen, und nicht nur Jungs." Wie Leonie erfahren hat, können vielfältige, zukunftsweisende Geschlechterbilder in Film und Fernsehen Perspektiven eröffnen. Leider ist das im alltäglichen Fernsehangebot jedoch nicht der Fall. Dies zeigen die Ergebnisse des
10 aktuellen Forschungsschwerpunktes „Gender in Children's TV" des Internationalen Zentralinstituts für das Jugend- und Bildungsfernsehen (IZI) und der Stiftung Prix Jeunesse. In Kooperation mit über 30 international renommierten Kollegen und Kolleginnen wurde
15 in diversen Studien der Frage nachgegangen, welche Bilder Kinderfernsehen anbietet und wie Mädchen und Jungen damit umgehen.

Mädchen sind im TV weltweit deutlich unterrepräsentiert

20 In der weltweit größten Medienanalyse zum Kinderfernsehen wurden rund 26.500 Hauptfiguren aus dem alltäglichen fiktionalen Kinderfernsehen in 24 Ländern unter die Lupe genommen. Das Ergebnis: 68 Prozent aller Hauptfiguren sind männlich und nur 32 Prozent sind
25 Mädchen- oder Frauenfiguren. Im für das Kino produzierten Kinder- und Familienfilm ist das Verhältnis sogar noch schlechter, hier sind nur 28 Prozent aller sprechenden Charaktere weiblich. Aber nicht nur die Quantität ist zu kritisieren: Viele Mädchen- und Frauen-
30 figuren verharren in althergebrachten Klischees vom zuarbeitenden Weibchen, dem konsumverhafteten Luxusgeschöpf oder der schönen Prinzessin, die auf ihre Errettung wartet. Es gibt schon auch die erfreulichen Ausnahmen der starken und komplexen Mädchen. Sie
35 heißen Bibi Blocksberg, Hexe Lilli, Pippi Langstrumpf oder auch Kim Possible, doch leider bleiben sie mit knapp 10 Prozent aller Sendungen die Ausnahme im Programm. Dabei wären sie, wie das Zitat von Leonie zeigt, doch so wichtig.

40 **Wespentaillen und viel zu lange Beine**
Bei den Zeichentricksendungen – und diese dominieren mit 84 Prozent aller Sendungen weltweit das Kinder-

fernsehen – zeigt sich ein besonders problematischer Trend: Zwei von drei Zeichentrickmädchen haben der-
45 art lange Beine und eine Wespentaille, wie sie nicht einmal durch eine Schönheitsoperation zu erreichen wäre. Die vielkritisierte Körperform der Barbie wird hier um einiges unterschritten.
Dies ist eine Sexualisierung der Mädchen- und Frauen-
50 figuren, die aus Erwachsenenfantasien der meist männlichen Zeichner entspringen, die Kindern übergestülpt werden. Das Ergebnis: Mädchen erleben ihren eigenen Körper von Anfang an als defizitär, und Sexualisierung wird bereits für Vorschulmädchen zur Norm.
55 Kinder selber bevorzugen diese sexualisierten Zeichentrickfiguren nicht, wie ein repräsentativer Test sehr deutlich ergab. 1.055 Kinder im Alter von 3 bis 12 Jahren bewerteten verschiedene Varianten von Zeichentrickfiguren. Sie präferierten eindeutig weibliche
60 Charaktere mit Kinderkörpern. Ein Punkt, der sich auch in den über 2.000 Bildbriefen aus aller Welt deutlich wiederfand, in denen Kinder Fernsehverantwortlichen schrieben, was sie daran stört, wie Mädchen und Jungen im Fernsehen dargestellt werden.

65 **Neue Wege für Jungen gesucht**
Reflexionsbedarf besteht aber nicht nur bei den Mädchen- und Frauenfiguren, sondern auch bei den männlichen Figuren. Hier dominieren Klischees von machohaften Siegertypen oder lustigen Losern, die sich
70 daneben benehmen und dennoch am Ende die bewunderten Helden sind. Beide Bilder sind für Jungen attraktiv, aus pädagogischer Sicht aber problematisch. Insbesondere dort, wo reale Vorbilder im täglichen Leben fehlen, entfalten die Geschlechterrollen der Medi-
75 en große Wirksamkeit. Ziel muss es daher sein, die einseitig stereotypen Figuren zu erweitern. Das heißt, der ewig aktive Held braucht auch eine Zeit zur Reflexion, der einsame Held muss auch irgendwo seine soziale Eingebundenheit haben, sonst wird er dauerhaft
80 weder frei noch gesund bleiben. Lustige Loser werden Anerkennung dauerhaft nur dann bekommen, wenn sie auf ihre Art beweisen und sich trotz allem bemühen. Es sind Formen des Ausbalancierens modernen Mann-Seins, bei denen es nicht darum geht, die

LESEN

85 männlichen Figuren zu depotenzieren*, sondern sie um weitere Aspekte von Männlichkeit zu erweitern.

Mehr Gender-Sensibilität ist gefragt

Mit diesen Ergebnissen aus der Forschung wird deutlich: Es bleibt noch sehr viel zu tun, denn insgesamt

90 sind die Bilder von Mädchen und Jungen im Kinderfernsehen und Kinderfilm in weiten Bereichen ausgesprochen stereotyp*. Es gibt sie, die lobenswerten

Ausnahmen der Wilden Hühner und Kerle, der Pippi Langstrumpfs und Bibi Blocksbergs. Doch die Ausnah-

95 men dürfen nicht darüber hinwegtäuschen, dass dringend eine Gender*-Sensibilität gefragt ist, die das Ungleichgewicht wahrnimmt und verändert, die hilft, althergebrachte und überkommene Stereotype zu vermeiden.

(http://www.goethe.de/ges/mol/dos/gen/geb/de4213113. htm(2.6.2009), Abdruck mit freundlicher Genehmigung des Goethe-Instituts.)

* depotenzieren: die Kraft nehmen

* stereotyp: einförmig

* Gender: soziale Geschlechterrolle

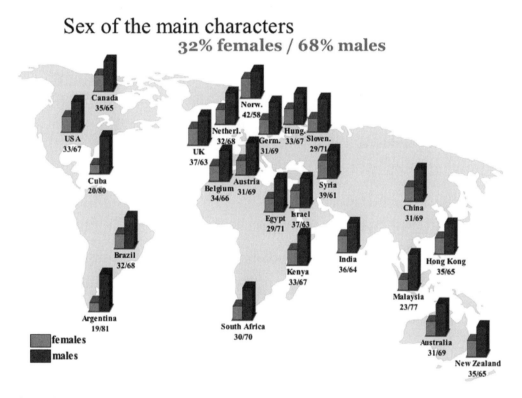

(© IZI)

 **LESEN**

Aufgaben

1. Prüfe, ob folgende Aussage laut Text stimmt. Kreuze an und gib eine Belegstelle an.

		Trifft zu	Trifft nicht zu	Zeilen Nr.
a)	Im Kinderfernsehen sind 68 % aller Hauptfiguren männlich, im Kino (Kinder- und Familienfilm) sogar 72 %.	❏	❏	
b)	Während Frauen in Kinderfilmen oft als konsumorientiert erscheinen, werden Männer gern als Siegertypen gezeigt.	❏	❏	
c)	Auch männliche Verliererfiguren sind im Kinderfilm oft am Ende wieder Helden.	❏	❏	
d)	Häufig werden Mädchen im Kinderfernsehen auch als stark und komplex dargestellt.	❏	❏	

2. Die im Text zitierte Medienstudie hatte folgende Hauptergebnisse. Kreuze an.

❏ **a)** Bei den Hauptfiguren in Kinderfilm und -fernsehen gibt es deutlich mehr Männer als Frauen.

❏ **b)** Weltweit gibt es 26.500 Kindersendungen mit Hauptfiguren.

❏ **c)** Während die Frauen in Kinderfilm und -fernsehen unrealistisch dargestellt werden, sind die Männer meist realitätsnah dargestellt.

❏ **d)** Männer und Frauen werden in Kinderfilm und -fernsehen so dargestellt, wie es überholten Geschlechterbildern entspricht.

3. Ein Journalist schlägt vor, den Artikel durch das nebenstehende Bild zu ergänzen. Wozu könnte das Bild dienen? Kreuze an.

❏ **a)** Als Beispiel für einen Siegertypen, der am Ende zum Helden wird.

❏ **b)** Als Beispiel für eine Ausnahme in der Darstellung von Mädchen im Kinderfernsehen.

❏ **c)** Als Beispiel für die verbreitete Darstellung von Mädchen im Kinderfernsehen.

❏ **d)** Als Beispiel dafür, dass Filmfiguren der Phantasie von Erwachsenen entspringen.

4. Welche Handlung wird laut Text in Kinderfilm und -fernsehen bei welchem Geschlecht wohl häufiger zu sehen sein? Kreuze an.

	Dies sieht man eher	bei männlichen Hauptfiguren	bei weiblichen Hauptfiguren
a)	Ausgiebiges Einkaufen	❏	❏
b)	Ausrutschen auf einer Bananenschale	❏	❏
c)	Friseurtermin für den Partner/die Partnerin vereinbaren	❏	❏
d)	Warten auf einen Anruf des/der Geliebten	❏	❏

5. Zu Beginn wird ein Satz von Leonie zitiert. Warum? Kreuze an.

❏ **a)** Der Satz dient als Beispiel für eine positive Wirkung von Filmen.

❏ **b)** Der Satz dient als Beispiel für eine negative Wirkung von Filmen.

❏ **c)** Der Satz belegt die Hauptaussage der weltweit größten Medienanalyse.

❏ **d)** Der Satz zeigt, was Kinder zwischen 3 und 12 Jahren an Zeichentrickfiguren stört.

6. In Zeile 9 ff. heißt es „Dies zeigen die Ergebnisse des aktuellen Forschungsschwerpunktes „Gender in Children's TV" [...]" Welche Funktion hat dieser Satz im Text? Kreuze an.

❑ **a)** Der Satz stellt die zentrale These des Textes auf.

❑ **b)** Der Satz leitet zu dem Teil über, der die zentrale These des Textes belegt.

❑ **c)** Der Satz ist nur ein Einschub ohne besondere Funktion.

❑ **d)** Der Satz weist auf eine Gegenposition zur Hauptthese des Textes hin.

7. Warum ist es laut Text so problematisch, wie männliche Hauptfiguren in Film und Fernsehen für Kinder gezeigt werden? Kreuze an.

		Trifft zu	Trifft nicht zu
a)	Jungen können dabei eine ablehnende Haltung gegen Siegertypen entwickeln.	❑	❑
b)	Die Jungen können den Eindruck gewinnen, die Hauptfiguren wären realistisch dargestellt, wenn sie andere Vorbilder im Alltag zu selten erleben.	❑	❑
c)	Jungen bekommen ein falsches Bild davon, was es heißt, ein Mann zu sein.	❑	❑
d)	Mädchen könnten sich mit den männlichen Hauptfiguren identifizieren.	❑	❑

8. Warum ist es laut Text so problematisch, wie weibliche Hauptfiguren im Kinderfilm und in Zeichentricksendungen gezeigt werden? Kreuze an.

		Trifft zu	Trifft nicht zu
a)	Die Filme erzeugen ein problematisches Bild von der Rolle der Frau in der Gesellschaft.	❑	❑
b)	Jungen könnten sich in die weiblichen Hauptfiguren verlieben.	❑	❑
c)	Mädchen erleben aufgrund der Filmfiguren ihren eigenen Körper als mangelhaft.	❑	❑
d)	Mädchen könnten glauben, die Figuren im Film hätten Schönheitsoperationen hinter sich.	❑	❑

9. Welche Forderungen an die Filmemacher legt der Text nahe? Kreuze an.

❑ **a)** Es sollten ähnlich viele weibliche wie männliche Hauptfiguren geben.

❑ **b)** Männer und Frauen sollten mit gleichen Eigenschaften ausgestattet sein.

❑ **c)** Die Figuren sollten vielschichtiger werden.

❑ **d)** Auch Männer sollten als konsumverhaftete Luxusgeschöpfe gezeigt werden.

 **LESEN**

10. Welche der folgenden Forderungen können begründet aus dem Text hergeleitet werden?

a) In Comics sollten die weiblichen Figuren durch-
schnittliche Körperformen haben.

Dies lässt sich aus dem Text ableiten.	
Dies lässt sich nicht aus dem Text ableiten.	

Begründung deiner Antwort: _____

_____

b) Mädchen und Frauen sollten in Kinderfilmen häufiger
als Siegertypen oder als lustige Loser gezeigt
werden.

Dies lässt sich aus dem Text ableiten.	
Dies lässt sich nicht aus dem Text ableiten.	

Begründung deiner Antwort: _____

_____

c) Männer sollten in Kinderfilmen in Situationen zu sehen sein, in denen sie sich ganz unterschiedlich
verhalten.

Dies lässt sich aus dem Text ableiten.	
Dies lässt sich nicht aus dem Text ableiten.	

Begründung deiner Antwort: _____

_____

 **LESEN**

LÖSUNGEN ZUM STRATEGIETRAINING UND ZU DEN ÜBUNGSBEREICHEN 1 BIS 3

Strategietraining

Arbeitsblatt 1: 2 + 3 + 1-Lesemethode

Mögliche Anordnung

Vor dem genauen Lesen	1. Überschriften nutzen/Überfliegen 2. Leseziel festlegen
Während des Lesens	3. Genaues Lesen mit Bleistift 4. ?-Stellen klären (auch als 5. denkbar) 5. Stichworte zu zentralen Stellen machen (auch als 4. denkbar)
Nach dem Lesen	6. Zusammenfassen und Verwerten

Arbeitsblatt 2: Visualisierungsmöglichkeiten

Mögliche Lösung

	eignet sich besonders für
Flussdiagramm	B)
Mindmap	C), evtl. A)
Gegenüberstellungstabelle	A), evtl. C)
Strukturdiagramm	C), evtl. A), B)
Vergleichsdiagramm	A), evtl. C)

Textdiagramm zur Jugendsprache
a) Strukturdiagramm
b) Lösung etwa:
b 1) Es werden Pfeile genutzt, wenn Wirkungsbeziehungen (Kausalitäten, Folgen ...) ausgedrückt werden sollen.
b 2) Es werden Verzweigungen genutzt, wenn zu einem (Ober-)Begriff Unterbegriffe oder Teilaspekte genannt werden.
b 3) Die Kästchen haben unterschiedliche Formen, weil damit Gliederungsebenen unterschieden werden.
b 4) Fett sind Worte geschrieben, die als „Titel" des Kastens verstanden werden können.

Übungsbereich 1

Aufgabe	Lösung
1.	trifft zu: a), c)
2.	trifft zu: b), c)
3.	trifft zu: c), d)
4.	trifft zu: a), b), c)
5.	trifft zu: a), b)
6.	trifft zu: --

Übungsbereich 2

Aufgabe	Lösung
1.	b)
2.	lt. Text denkbar: b)
3.	trifft zu: b), d)
4.	trifft zu: ---
5.	trifft zu: b), c)

Übungsbereich 3

Aufgabe	Lösung
1.	trifft zu: b)
2.	trifft zu: c), d)
3.	trifft zu: a), c), d)
4.	trifft zu: a), b)
5.	trifft zu: b), c)

© Cornelsen Verlag Scriptor, Berlin • Diagnostizieren & Fördern • Deutsch • 9/10

Lernfortschrittsermittlung	
Aufgabe	**Lösung**
1. a)	trifft zu (Z. 23-28)
1. b)	trifft zu (Z. 29-32, 68-69)
1. c)	trifft zu (Z. 69-71)
1. d)	trifft nicht zu (Z. 33-34)
2.	a), d)
3.	b)
4. a)	bei weiblichen Hauptfiguren
4. b)	bei männlichen Hauptfiguren
4. c)	bei weiblichen Hauptfiguren
4. d)	bei weiblichen Hauptfiguren
5.	a)
6.	b)
7.	trifft zu: b), c)
8.	trifft zu: a), c)
9.	a), c)
10. a)	Lässt sich aus dem Text ableiten. Begründung: Nur dann sind die Figuren realistisch und werden auch von Kindern so eingeschätzt.
10. b)	Lässt sich nicht aus dem Text ableiten. Begründung: Lediglich sollten Männer nicht so dargestellt werden.
10. c)	Lässt sich aus dem Text ableiten. Begründung: Nur dann entsteht auch für zuschauende Jungen ein realistisches Männerbild.
Hinweis: Die Aufgaben 1-3 zielen auf Übungsbereich 1, die Aufgaben 4-8 zielen auf Übungsbereich 2, die Aufgaben 9-10 zielen auf Übungsbereich 3.	